自分で選ぶ
老後の住まい方・暮らし方

近山恵子・米沢なな子
一般社団法人コミュニティネットワーク協会◉監修

彩流社

はじめに――老後こそ自立の季節！

人生100年時代、誰もが「おひとりさま」を経験するような時代、私たちはどのような暮らし方を選択すればいいのでしょうか。

周りをみまわしてみても、なかなか、これと言ったお手本がないのではありませんか。国の制度がどんどん変わり、多種多様な情報が飛び交う中、どのような選択が私たちは可能なのでしょうか。

私が理事長を務めるコミュニティネットワーク協会の「高齢者住宅情報センター」に寄せられる相談の多くは、年をとっても今のままの暮らしを続けたい。そして、誰にも迷惑をかけないで暮らしたいというものです。

それには、早くから、ご自身の生活設計をおこない、家族、友人、知人など周辺の方々に、その意志を伝え、協力をえられるようにしておかなければなりません。法的な知識も必要です。うっかりすると、ご自身の意志に反することが多々おこり得ます。

あなたにとっての、安心で、手ごろで、そして、居心地のいい老後の住まい方・暮らし方とは、どのようなものなのでしょうか。

老後こそ、これまでの規範や世間に縛られず、誰にもに気兼ねなく暮らしたいと思われませんか。新しい暮らし方を選択することで、出口がないように思い悩んでおられたことが、生きる希望に変わることも多いのです。

私は、年間数百人の住まい方相談と生活設計をおこなっていますが、相談に来られたある方の「老後こそ自立の季節！」という言葉が忘れられません。

この本をお手に取られて、ご自身の老後の暮らし方の基準をみいだし、自分らしく豊かに生きっていってほしいと願っております。

近山恵子

２０１５年１月末日

目次

第3章 有料老人ホームがわかる

第4章 介護が必要になったときの住まい方・暮らし方がわかる

第5章 「暮らし方・生き方」を考える 133

第1章 これからの「住まい方」を考える

Q001 家族や血縁にこだわらず、気の合った仲間と一緒に暮らす、新しい住まい方には、具体的にどのような形があるのですか？

Ⓐ **従来からの家族で住むというスタイルに加えて、親族や血縁にこだわらずに「気の合った人たち」「同じ境遇の人たち」と住むというライフスタイルが注目を浴びています。しくみによって呼び方も様々ですが、シェアハウス、コーポラティブハウス、コレクティブハウスなどがあります。**

家族構成に関する変化や、社会情勢の変化とともに、家族関係や子育てのあり方など、生活スタイルや暮らし方も多様になりました。単身者、夫婦のみ、高齢者の一人暮らしなどが増え、ひと昔前の世帯構成や住まい方とは、多くの点で異なってきています。そんな中にあって、家族を中心とした住まい方から、自分の好きなこと、やりたいこと、自分の幸せ感などを、気の合った仲間と共に求める住まい方を実践する人が増えています。これら新たな住まい方について説明します。

1 コーポラティブハウス

居住予定者が集まって組合を結成して住宅を共同で建設することで、仲間づくりをしながら理想に近い住まいづくりを実現していく方法です。戸建て住宅として計画する場合や共同住宅とする場合など、**居住者が主体的に、自由に計画できる**という側面があります。家ができあがる前に居住予定者が集まり家づくりに共同して取り組む機会があり、入居時には全員顔見知りとなるため、同じ建物に住む人を知っているという安心感があります。「アウトドアが好き」「大型犬と共に暮らしたい」など、ライフスタイルの共通の価値観をとおして組織化されることもあります。

2 コレクティブハウス

専用の住居部分とみんなで使う共用部分を設けて、共に暮らす住まい方です。血縁にこだわらない広く豊かな人間関係の中で暮らす住まいの形です。人と人との新しい関わり方を構築しながら、より自由に、楽しく、安心安全に住み続ける暮らし方として注目されています。各部屋にはトイレや浴室、台所があり、**入居者のプライバシーや独立性が高いのが特徴**です。入居する年齢層は幅広く、単身者もいれば、夫婦での入居者もあります。一人で入居できる部屋もあれば、家族仕様の部屋もあります。当番制で夕食を用意したり、定期的なミーティングなどを開いたりして積極的な交流活動をしているところもあります。共通項のない住民同士が、コミュニティを形成して暮らすことができる居住形態ともいえます。

多世代型コレクティブハウスの先駆けとして、株式会社コレクティブハウスが運営する「かんかん森（東京都荒川区）」があります。居住者同士が主体的に活動して会社まで創ってしまったその活動内容は、コレクティブハウスのあり方として多くの見学者が訪れています。

3 新しいコーポラティブハウス（コミュニティハウス）

コーポラティブハウスとコレクティブハウスの特徴を活かした住まい方も実施されています。「コミュニティハウス法隆寺（奈良県）」は、個人の意思・新しい価値観を尊重するコーポラティブ方式と、共用部については可能な限り有効活用するコレクティブ方式が合体して運営されている新しいコンセプトの住宅です。高齢者が中心となって会社組織をつくり、そこに住みながら運営にあたっています。田園地域に立地することもあり共同菜園や花壇の整備等の活動など、農業や自然とのふれあいによる日常の活動が、地域との交流活動につながっています。共同の住宅で支え合う関係が生まれれば、一人になっても寂しくない。いざというときは力を寄せ合える。血縁とは違った助け合いによる生活で、地域社会との関わりを深めている事例です。自分の身辺を気遣ってくれる仲間がいることの安心感、地域に貢献できているという存在感などにより、入居者の日常の生活に、豊かな生活リズムが育まれているようです。

4 シェアハウス

首都圏など土地が高騰な地域を中心に2005年頃から広がってきた住居形態です。20〜30代で趣味嗜好にこだわりを持つ独身者を中心に注目されました。イメージとしては、**大きめの戸建て住宅などを複数の仲間たちでシェアして暮らすスタイル**です。居住者それぞれの部屋は独立していますが、トイレ、台所、浴室などは、共同で使います。

コミュニティが通常のアパート・マンションに比べて密になりやすいので、新しい出会いや発見を求める人にも人気があります。日本人だけでなくあらゆる国籍の人も入居可能にしたシェアハウスもあり、暮らし、趣味や体験といったソフト的な要素もシェアできるとして人気があるようです。

一方で、同じような価値観やライフスタイルを持つ人に限定したシェアハウスもあります。「家賃が安い」という理由だけで人気が集まった時期もありましたが、最近は共用スペースが共同となる分、同じ費用で「豊かな暮らし」ができるため、余裕のあるスペースを求めてシェアハウスに入居希望するケースも多くなっています（Q2参照）。

5 グループリビング／グループホーム

比較的健康な高齢者や障がい者が、地域でお互いの自主性を尊重した共同生活を営むことにより、生涯自己実現を図りつつ健やかに老いることを目的とする小規模在宅型の共同住宅をいいます。賃貸形式の住宅が多く、生活支援サービスの提供や居住者相互のコミュニティがあります。近年はシェアハウスの知名度の高まりを受けて、高齢者用のグループホームが「高齢者向けシェアハウス」などとも呼ばれている場合もあります。

高齢者用のグループリビングの住戸規模は、個室が20戸以内の小規模な住戸が一般的です。地域社会と協働した交流会やイベントを開催しているところもあります。運営形態は、事業者によるもの、居住者による自主運営とするものが、その多くを占めています。

そんな中にあって市民主体のＮＰＯ法人が運営する高齢者グループリビングがあります。「ＮＰＯ法人 ＣＯＣＯ湘南」が設立・運営している住宅の例では、「自立と共生」をテーマにしてバリアフリー住宅を建設し、地域で元気に過ごす「生涯型」住宅として運営しています。自分の生活を自分で決定していくことができる人であれば、介護が必要になってもそこで暮らし続けることができます。定期的に生活者同士の話し合いの場があり、そこで自分たちの暮らしの方向性を自主的に決定して共同生活を営んでいるのが特徴となっています。入居に必要な費用は、入居金として３００万から４００万円程度で、月額約15万円の生活費の中には共益費・食費が含まれています。

Q002 「シェアハウス」について詳しく教えてください

Ⓐ 「ワンルームスタイルのプライベート空間」と「共同で住む寄宿舎のパブリック空間」を合体させたような住まい方をいいます。家賃が高騰する首都圏を中心に広がり、近年は不動産事業者により管理・運営され、賃貸物件の新たなスタイルとして多くの物件が流通しています。

シェア（Share）とは「共有する」「分配する」「分かち合う」「役割」などの意味を持ちます。一つの賃貸住宅を複数人で共有して暮らすことをいいます。似た言葉でルームシェアという居住形態があります。ルームシェアとは、個人が住んでいる居住空間の一部を友人などの知り合いと一緒に、生活を共にするスタイルです。それに対してシェアハウスは、寝室などのプライベートな空間として個室があり、リビング、キッチン、バス・トイレなどは共有するスタイルです。

同じ目的や同じ世代、同じような生活スタイルの人たちが集まり、互助の中で共同生活をするタイプには、防犯面を強化しての女性専用のシェアハウス、情報交換や投資情報などを充実させた起業家限定のシェアハウス、小さな子どもと暮らす一人親専用のシェアハウス、老後の生活を同じような世代の人と助け合って共同生活する高齢者用のシェアハウスなど、目的と生活スタイルに応じた様々なスタイルがあります。同じような生活や共通の悩み事などを持った人たちが集まり共同生活をすることで、互いの情報を共有して快適な暮らしにつなげようとするものです。一人で住むのは不安でも、似た価値観を持った人同士で住むことで安心につながることもあるようです。「一人暮らしより安心感がある」「シェア生活が面白そうだった」などの理由をあげる人も多く、シェアハウスに求める機能も多様化しつつあります。

このような多様化するシェアハウスの事例において、高齢者の住居に特化して運営しているところもあります。今はまだ介護は必要としないけれど、これからの生活の不安や、自分のこどもたちには迷惑をかけたくないという理由から、気の合った仲間と共同生活をする例です。趣味や生きがいに時を刻み、高齢者の技能・知識・人脈を生かした仕事づくり、趣味や生きがいを中心に生活し、新しい地域の関係や人間関係が生まれることで新たな生活スタイルが育まれるかもしれません。

地域によっては、このようなシェアハウスが、市民事業や地域活動の実践にもつながるとして期待されています。入居者の交流・助け合いが中心にあり、趣味・仕事等の活動の場となり、地域の人々との交流の場となることで地域の活性化にもつながるとしています。

一方で、年数の経過と共に、入居時には自分ででき

ていたことが、周囲の助けが必要となってくる場合も想定されます。心身が衰えた場合や介護サービスを受けることになった場合には、公的介護保険の対象者として生活支援サービスや介護サービスを受けることを想定しておくことは必要です。場合によっては、近隣の医療福祉施設・在宅サービス団体などと連携して、地域のケアシステムを利用することも必要となります。

これからのシェアハウスは、社会情勢の変化により、医療機関や福祉施設による併設なども考えられ、運営の形態も含めてたくさんのスタイルのシェアハウスが想定されます。どんな場合でも、大切なのは、高齢者の自律を尊重するシステムがあることと、シェアハウスの近接する場所に、生活支援者や支援団体があり、必要なときに生活上のサポート、緊急時の対応が行なえるようなシステムになっていることが重要となります。

Q003 自宅をシェアハウスにして、自分も暮らすことはできるのですか？

Ⓐ 自宅をシェアハウスにするということは、ある部分を共用しながら生活をするということです。不特定多数の人たちに対して入居者の募集をする場合には、注意が必要です。建物の安全性が問題となり、火災報知機や避難通路などの安全対策が必要になる場合があります。

今まで住んでいた家が、単独で住むには広すぎるため、一部を賃貸にして収入を得たい。一人で住むのは不安なために、誰かと一緒に共同生活をしたいという場合に、現在住んでいる自宅やアパートをシェアハウスとして再活用するという方法があります。

二世帯住宅に住んでいたが両親が亡くなってしまったために一人で住むには広すぎる人や、今までは息子夫婦が住んでいたが、今は同居していないので、１フロアが全く使用されていないなど、「自宅の一部」の有効活用を図りながら、共同生活を営みたいという方には、シェアハウスという方式は自宅を有効活用できる方法でしょう。

自宅をシェアハウスとするには、気心の知れた一緒に住むルームメイトが見つかれば、実現も可能です。しかし、もっと広く一般にルームメイトを募りたいということで宣伝をする場合には、注意が必要です。

自宅をシェアハウスにするのは、安全面にも配慮し、法的な規制に配慮した改装費が必要となる場合があります。新たな人を入居させるのですから、内装面での改修も必要です。各部屋のエアコン、ベッド、机、イスなどの家具や共用部のリビングやキッチンの家具・家電などの整備も必要です。

6人から7人の小規模のシェアハウスは、内装のみの改修であれば家電の購入費用も含めてさほど高額な費用となることはありません。しかし、火災などに対する安全対策の法的な見直しも議論されており、改装費も高額になることもあり得ます。

どのようなシェアハウスにしたいのかを明確にして、法的な整備も含めて専門家に相談しながら運営費や改修費を算出して計画をすることをおすすめします。

多少の費用をかけた結果、アパートやマンションでの一人暮らしより、シェアハウスとして募集をすることで、「人と人とのつながり」を楽しむ人たちが好んで入居を希望してくることもあります。

近年では賃貸物件の情報を扱う宣伝冊子の中でも特集としてシェアハウスを取り上げることも多くなっています。若い人の間では、通常のアパートよりも比較的入居者が決まりやすい傾向にあるようです。とくに、女性の入居者の場合は、一人で住むより人的セキュリティという意味では心強い部分もあり、積極的にシェアハウスへの入居を検討する人もいるようです。

Q004 自宅を担保にして生活資金を借りられるリバースモーゲージがあると聞きましたが？

A リバースモーゲージとは、自宅を担保にして銀行などの金融機関からお金を借りて、そのお金を年金のように毎月受け取って日常の生活費などにあてるシステムをいいます。年月とともに借入金が増加し、契約終了時か、死亡時のいずれかの時期に一括精算するシステムです。

高齢者を対象にこれからの生活のスタイルについてアンケートをした内閣府の調査結果によると、「住み慣れた地域でいままでどおり我が家に住み続けたい」という希望が圧倒的多数を占めます。一方で、「持ち家はあるけれど現金の蓄えに充分な余裕がない」という場合もあります。その問題を解決するひとつの手法として、リバースモーゲージがあります。

リバースモーゲージとは、簡単に説明すれば、自宅を売却することを前提として、その自宅を担保にしてお金を借りるということです。一般的な住宅ローンは年月と共に借入残高が減っていきますが、これは増えていくので、リバース（逆）なモーゲージ（抵当・借金）といわれています。

自宅は保有しているけれど、将来的な安定した現金の確保が難しい高齢者が、自宅を手放さずに資金調達を行ないたいというニーズから生まれたのがリバースモーゲージです。借り入れた元金や利息の返済はせずに、自宅を担保にしてお金を借り続けるシステムです。そして、契約終了時か、借入者の死亡時に一括返済します。

米国、カナダなど欧米ではシニア世代の資金調達手段として普及していますが、日本では1981年に東京都武蔵野市が導入したのが先駆けで、現在では**自治体が実施する公的プランと民間金融機関の商品とがあります。現金の受け取り方法についても、年金方式のように定期的に受け取る方式や、一括して受け取る方式があります。収入や現金が少ない高齢者でも、持ち家があれば生活のための現金を得ることができます。**

いままでは、手持ちの現金がほとんどなく急にまとまったお金が必要になった場合には、自宅を売却して資金を調達しなければならないことが一般的でした。しかし、この制度を使うことで、**住み慣れた自宅にいながら、資金を調達することができます。**リバースモーゲージで融資を受けた資金の使い道としては、「月々の生活費の足しにしたい」「老後の生活資金づくりのため」「住宅ローン以外の返済にも充てたい」というものから、「家をバリアフリーにリフォームしたい」「将来的に高齢者住宅への入居資金にあてたい」など、用途も目的も様々です。

この制度が利用可能な年齢は、自治体や金融機関によっても異なりますが、早いものでは55歳以上から利用できるものがあります。利用している人からは、2010年時点で『身体機能が低下した場合の居住場所の希望として、自宅にとどまる』との意向を示す者が67％（※図1）と全体の3分の2を超えており「住み慣れた土地に居ながらにして経済的・精神的な安心感を得たい」とするアンケート結果が多くなっています。リバースモーゲージは、蓄えは少ないけれど持ち家ならあるという高齢者にとっては、潜在需要が多いことを表しています。保有している資産を有効活用できる点では合理的なシステムといえるでしょう。

ただし、リバースモーゲージにもいいことばかりではありません。利用にあたってはいくつかのリスクがあることは、注意しておく必要があります。

ひとつめは、「金利の上昇リスク」です。これは、通常の住宅ローンにも言えることですが、契約期間中に金利が予想以上に上昇し、受け取る金額のうち、利子の負担分が高額になると生涯にわたって受け取れる現金総額が少なくなります。ほとんどのリバースモーゲージが、変動金利を採用しているために、金利変動に伴う影響が大きいのです。また、金利の変動がなくても、不動産価値が下落すれば、当初想定していた融資枠が縮小されてしまいます。土地の評価額を元にして現金支給額が決定されるため、不動産価値が下落した場合には、当初想定していた支給額が少なくなるリスクもあります。

ふたつめは、「長生きした場合」です。当初想定した年齢よりも長生きして、存命中に借入金残高が不動産評価額に達してしまった場合です。リバースモーゲージは、基本的には元金を減らさないために、長生きをすればするほど、借り入れる金額も高額になり、融資限度額を超すというリスクもあります。それと連動して負担すべき利息も増えてしまうというリスクがあります。当初の想定年数よりも長生きした場合、評価額を超えての現金支給は行なわれないため、支給が打ち切られることになってしまうのです。

リバースモーゲージは、基本的に土地付一戸建てが条件で、マンションは対象外というところも多いようですが、自治体や機関により条件は異なります。また、一定程度の年収がある方を対象としているケース、55歳以上というような年齢制限をかけているケース、自己名義の一戸建てに住んでいる単身世帯あるいは夫婦世帯で他に同居人がいないケースなど、様々な条件があるのが実態です。

今後は、超高齢社会が進む一方で、老後資金や年金に対する不安などがあり、リバースモーゲージへのニーズは高まっていくことが予想されます。ただし、利用する場合には十分に調査して、将来計画と共にそれぞれの商品を比較検討することが必要です。近年では、リバースモーゲージにより、高齢者に対して「自宅を担保にして『年金』がもらえる」と巧みに勧誘し、実のところはリバースモーゲージでなく、持ち家や土地の買取りを持ちかける業者もいるようです。自宅を担保に入れて高額な金額を受け取るのですから、実際にリバースモーゲージを契約するときには自治体が運営する消費生活センターに相談したり、信頼のおける司法書士や弁護士に相談することをおすすめします。

身体機能が低下した場合の居場所の希望（2010年）

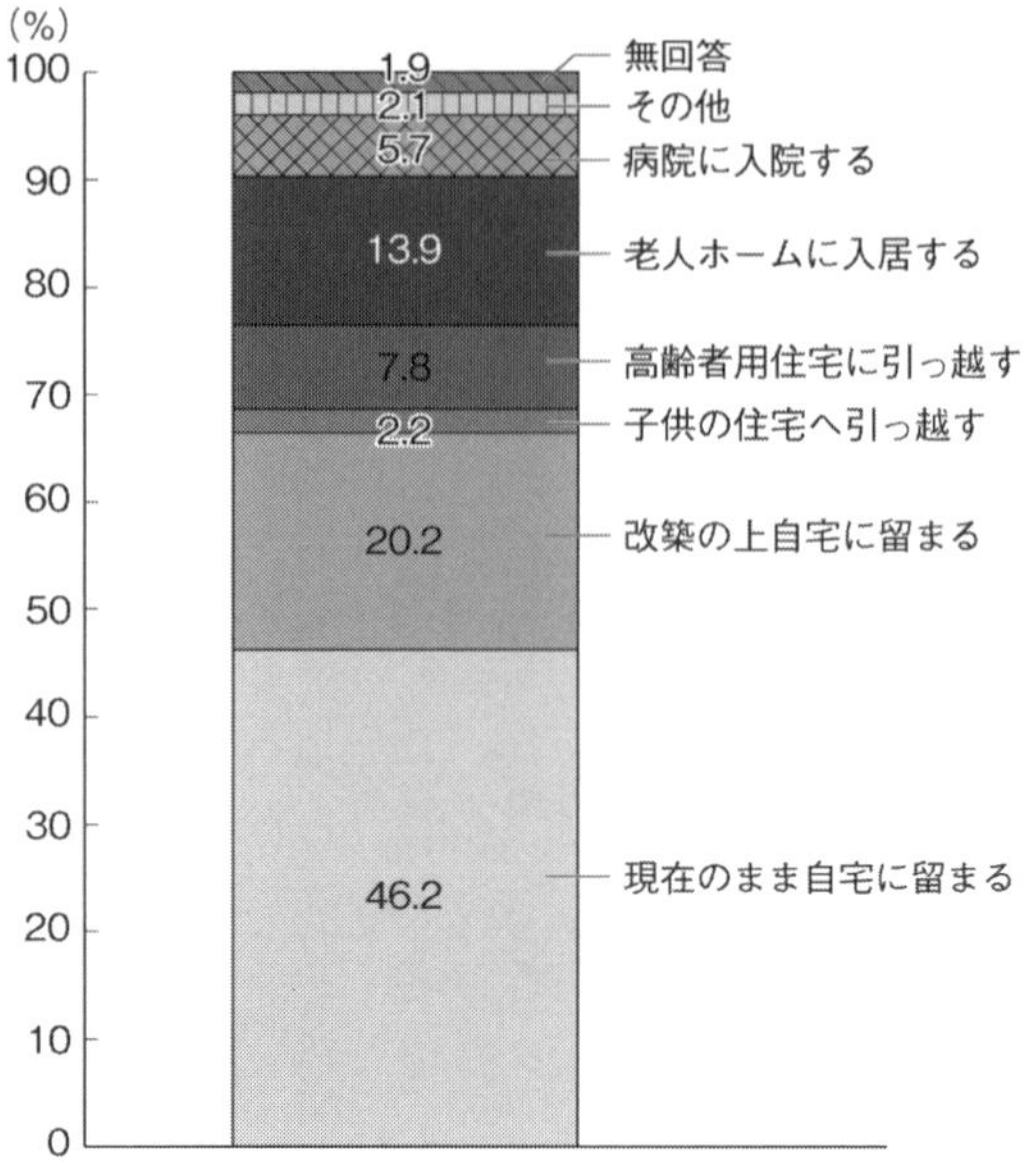

（注）調査対象は60歳以上の男女
出所：「平成22年度第7回高齢者の生活と意識に関する国際比較調査結果」（内閣府）

Q005 自宅を処分して、元気なうちに住み替えをしたいと思っていますが、よい方法を教えてください

Ⓐ

心身共に健康なうちに、将来の住まい方を検討する人が増えています。高齢者の住まいの選択肢としては、自宅に住み続けるのか住み替えをするのかで大きく分かれます。**住み替えの場合であっても、都心や田舎に住む場合、高齢者向けの住宅に入居する場合、介護サービスが受けられる施設などに入居する場合など、健康状態や費用により選択は様々なものがあります。**

高齢者の住まいを選ぶときは、「誰とどこで、どのように暮らしたいか」がもっとも大切なポイントです。元気なうちは、住み替えの他にも、今の自宅をリフォームして暮らしたり、二世帯住宅に改修して子どもと共に暮らすという選択肢もあります。自宅を処分する場合は、思い切って田舎暮らしを始めたり、海外生活を楽しんだりということも考えられます。また、子ども世帯のいる都心部に近居するということもあります。

いずれにせよ、リフォームや建て替え、住み替えの費用については、現在の貯蓄からどう捻出できるのかで選択肢も大きく異なります。貯蓄や現金がままならないのであれば、現在住んでいる自宅を売却したり、自宅を担保にして費用を捻出したりして、将来必要となる生活費や医療・介護費などの経費も含めて長期的な視点で計画する必要があります。

また、将来的には、いつまでも心身共に健康であるという保証はありません。介護が必要となっ

た状態にはどうするのかということも想定しておくことが必要になります。介護が必要になった場合、自宅で在宅介護を受ける選択肢もありますが、介護サービスを提供してくれる高齢者住宅に住み替えるという選択肢もあります。「有料老人ホーム」「サービス付き高齢者向け住宅」などが代表的なものです（詳しくは第2章参照）。

現在の状況をしっかりと把握して、将来の住み替えや住まいを選ぶことが大切です。住み替えに際しての、重要と思われる検討項目を示しておきます。

・資金計画や将来の生活設計は、家族や身近な人と話し合ったり専門家に相談しましょう。
・入居のタイミングは、自己決定する場合は、元気なうちにしましょう。要介護になってからの入居では、入居できる住宅や施設も限られたものになってしまいます。
・入居施設の事業者に明確な理念があり、それを実践しているかを調査しておきましょう。健全経営をしていることや、経営者にしっかりとした考えや主張があることを知ることは、トラブルを未然に防止できることにつながります。
・介護やサービス状況がどのようになっているかを把握しておきましょう。看取りの対応がどのようになっているのかも確認しておきましょう。
・住まい方のスタイルについては、選択肢を広げておきましょう。自分がどう生活したいのかを考えて、環境面も含めた住まいのしくみやサービスなど、内容で選ぶことが大切です。

Q006 生活保護を受けているのですが、入れる住まいや施設はありますか？

Ⓐ **有料老人ホームなど民間の高齢者住宅では、月額利用料として約15万円以上の費用がかかりますが、最近は生活保護費内でまかなうことができる生活保護者向けのサービス付き高齢者向け住宅もできています。**また、従来からあるものでは、**自治体が設置する「養護老人ホーム」があります。**税金で設置され、運営費も行政から補助が出されているため、**低額な費用でサービスを受けることができます。ただし、入居条件は限られているので、各自治体や施設に問い合わせることが必要です。**

近年の日本国内の経済状況は厳しさを増し、生活保護受給者の数も増加しています。そして、生活保護受給者にあっても高齢化は進み、単独で生活することが困難と思われる人も増えています。このような高齢者が入居できる施設として、都道府県、市町村、社会福祉法人などが設置している「養護老人ホーム」や「軽費老人ホーム」と呼ばれている施設があります。

「養護老人ホーム」は、身体や精神に障がいがあるか、環境上の理由及び経済的理由により自宅で生活する事が困難な高齢者が入所する施設です。「特別養護老人ホーム」（要介護度が高く、自宅での介護が難しい人のための公的な施設。Q11参照）とは違って、介護保険施設ではなく、施設への入所は市町村の措置により行なわれます。環境上の理由とは、心身に障がいがあって日常生活を送ることが困難であり、かつ世話をしてくれる人が身近にいない場合などいいます。経済的理由とは、本人の世帯が生活保護を受けている場合などをいいます。入所費用は市町村によって異なり、入所者の収入及び扶養義務者の課税状況に応じて負担額が決まります。負担金は本人や扶養義務者の負担能力に応じて月々10万円程度のところが多いようです。

「軽費老人ホーム」は、老人福祉法に基づく老人福祉施設です。原則として60歳以上で、介護の必要はないけれど、身体機能の低下などで自宅で生活することが困難な高齢者を対象に、食事などの生活に必要なサービスを提供するものです。

生活する居室は、個室になっている施設もあり、施設内で自立した生活を促すための環境的配慮がなされていて、車椅子の使用が可能となっています。希望者には、食事サービスや入浴サービスが提供されます。施設内での生活は、介護保険では居宅とみなされ、要介護状態と認定された場合には介護保険の居宅サービス（訪問介護、デイサービスなど）が利用できます。一般的な施設での個室の床面積は21・6㎡以上、2人部屋で31・9㎡以上。入居費用は、生活費（食費等含む）と家賃相当額の管理費が自己負担となり、それぞれの所得に応じたサービス提供費が加算されます。自宅はそのままにして、施設に入所することも出来ます。「軽費老人ホーム」の場合は、入所時に保証金を求められる場合もあるので、それぞれの施設や自治体に確認しておくことです。

生活保護を受けている方々でも、生活保護費内でまかなえる老人ホーム（養護・軽費とも）や有料老人ホーム、サービス付き高齢者向け住宅は徐々に整備されつつありますが、その絶対数は多くはありません。中には、生活費の全てを管理されてしまうような悪徳業者もあり、社会問題となっている事例もあります。一方で、本当に必要としている人に配慮して、自治体間で協議して空きのある施設の地域に、その人を移管して、その地域でのホームへの入居の実現を図っている事例もあります。

また、将来的に介護が必要になった場合には、介護を受けることができるのかどうかは調べておくことが大切です。在宅のまま外部の介護サービスを受ける場合や、施設が「特定施設入居者生活介護」の指定を受けている場合もあり（Q23参照）、費用やサービス内容について調べておきましょう。施設やサービス機関によっては、生活保護受給者向けに割引制度を設けているところもあります。担当のケースワーカーに相談してみるとその自治体独自の施策もあったりします。まずは相談してみることをおすすめします。

Q007

家族同様に可愛がっている猫と犬がいます。ペットと一緒に入れるところはありますか？

Ⓐ

高齢者向けの住宅では、ペットと入居できるところは限られています。しかし、大切な家族の一員としてペットに愛着を持たれている人もいます。これからは、徐々にペットと入居可能となる民間のホームや住宅は増えていくものと考えられます。

少子高齢化が進む中、ペットが家族同様に大切な存在と考える人が増えています。また、人間の医療同様、動物の医療も進化してペットも長寿になっています。大切な家族の一員としてペットと暮らしてきた人が増えて、高齢者向け住宅へ入居する際に、犬や猫と一緒に入居したいというニーズも高まってきています。しかし、多くのところでペットとの入居は認めていないのが実態です。ペットを禁止としている理由は、集団生活の場でもあるためにペットが嫌いな入居者がいる。世話ができなくなった場合どうするのか、本人が死亡したり長期入院になった場合はどうするのかなどの問題があるからです。

一方で、ペットとの入居希望者が増加するに併せて、「ペットと入居可」とした有料老人ホーム・高齢者向け住宅が少しずつですが増えつつあります。そのような住宅の中には、専用のドッグランやシャワースペースなど、ペットのための環境を整えているところもあります。

近年は、ペットとの生活が高齢者にとって好影響を与えるといった研究も進み、高齢者施設でペットを飼育して、高齢者の生活環境の一部として取り入れているところもあります。ペットが高齢者の心を和ませてくれるだけでなく、リハビリを兼ねているのです。毎日ペットが施設内にいて生活することで、入居者同士のコミュニケーションが育まれているという報告もあります。要介護者向けの高齢者住宅では、中には治療の一環としてアニマルセラピーを行なうところもあるようです。これからは、ペットと入居できる高齢者施設は増加する傾向にあるとみられます。

ただ、ペットと入居する場合には将来的にペットの行く末にもしっかりと向き合って対応を考えておく必要があります。ペットが自分より長生きした場合は、ホームで飼い続けたり、スタッフが引き取ったりすることもあるようです。犬・ねこなどを引き取ってくれて里親を探してくれるＮＰＯ団体などもあります。

Q008 私の夫は要介護3です。私は自立していますが、70代の夫婦が一緒に住める高齢者住宅や施設はありますか？

Ⓐ **自立した人と介護が必要な人が、夫婦で一緒に暮らせるところとして、公的な施設ではむずかしいですが、民間の有料老人ホームやサービス付き高齢者向け住宅などでは、夫婦居室を設置しているところもあります。**

高齢となり、それから先の生活を考えたとき、専門家の支援を受けられる住まい方を求めて、住み替えを検討する人が増えています。

自立した人と要介護の人が一緒に生活できるところは、「有料老人ホーム」、近年注目を浴びている「サービス付き高齢者向け住宅」、「介護付ケアハウス」があります。ただ、介護付ケアハウスは、老人福祉法に基づく福祉施設のため、比較的低額の費用で利用できるというメリットはあるのですが、夫婦居室を備えているところは少ないのです。そのため、民間のホームや高齢者住宅に入居するケースがほとんどというのが現状です。

ここでは、有料老人ホームとサービス付き高齢者向け住宅について紹介します。

有料老人ホームは、高齢者が暮らしやすいように配慮し、食事や日常生活、介護など、生活するうえで必要なサービスを提供する住まいで、大きく分けると**「住宅型」「介護付」「健康型」の3つのタイプがあります。**ただし、全体の8割以上は要介護者を対象としています（有料老人ホームの詳細は第3章参照）。

住宅型でも自立した人と要介護の人が共に暮らせますが、介護付ならより安心です。ただし、住宅型の場合は在宅サービスを受けますが、それでも自宅で暮らすよりホームのほうが安心です。

居室は、一般居室で一人入居用、ふたり入居用、また介護居室で夫婦用を備えたところもあります。ホームによって居室のタイプから広さ、間取り、設備や費用も様々です。なかには、夫婦同室での入居を希望した場合、状況に応じて別々の部屋への入居をすすめられたり、2部屋入居として1部屋をリビング、もう1部屋を寝室として利用する提案を受けることもあります。

ひとつの例として、珍しい夫婦用の介護居室を備える介護付有料老人ホーム「ライフ&シニアハウスシリーズ」を紹介します。「ライフ&シニアハウスシリーズ」は、自立型のライフハウスと介護型のシニアハウスをひとつの建物に併設したハウスで、地域コミュニティづくりに取り組む生活科学運営が全国に展開している有料老人ホームです。

自立の方はライフハウスに入居し、24時間の介護が必要になったらシニアハウスへ住み替えも可能で、夫婦で入居し一方が要介護となっても同じハウスで暮らすことができます。

また、自立した人と介護が必要な人の同居が可能な夫婦用の介護居室があるハウスもあります。夫婦介護居室の場合、広さは50㎡前後の2DK、一般のマンションのように、キッチン、浴室、洗濯機置き場は完備されており、エアコンや介護ベッドなども備えられています。

寝室を別々にできるので、夜間介護の必要な人が介助を受けていても、自立の人は起こされず睡眠を確保できます。ただし、入居時や月額はかなりの費用がかかります。夫婦の年齢や自立の人の状態によって、一般居室に夫婦で入居するか、介護居室に夫婦入居をするかのどちらかを選択することです。

また、**サービス付き高齢者向け住宅**でも、自立した人と要介護の人が一緒に暮らせるものが、数は少ないのですが存在します。たとえばコミュニティネットが運営している「ゆいま～る」シリーズは、可能となっています。サービス付き高齢者向け住宅は、高齢者の世帯が安心して居住できる場の確保を目的として、「高齢者住まい法」の改正により、２０１１年から登録がスタートした高齢者専用住宅です（サービス付き高齢者向け住宅の詳細は第２章参照）。

形態としては賃貸形式が多く、バリアフリー構造など高齢者の住まいにふさわしいハードを備え、ケアの専門家による安否確認や生活相談などのサービスを提供することが基本となっています。ただし、その他の介護・医療・生活支援サービスは、外部の介護事業者と個別に契約して居宅サービスを受けるなど、事業者によって様々なタイプがあります。

介護型の居室については、通常、18～20㎡で設計されているところが多く、夫婦居屋は30～40㎡といった広さです。ただし、夫婦居室は、全体の戸数のなかでは少ないのが実情です。中には、「それぞれお部屋を借りてください」といわれることもあり、一般的には介護居室ばかりのところに自立の人は馴染めません。

介護が必要な夫と夫婦で一緒に暮らすとして、居室のことをはじめ、介護サービスの受け方や暮らし方も、様々な形が考えられます。しっかりと情報を集めて（情報収集については、Ｑ12参照）実情を知り、ニーズにあったところを選択することが大切です。

Q009 脳梗塞になり、右半身に麻痺があります。しっかりリハビリをしたいのですが、そういう私に適した住まいはありますか？

Ⓐ **民間の有料老人ホームの中には、理学療法士や作業療法士など専門職を常勤もしくは非常勤で配置してリハビリ作業を実施しているところがあります。診療所やクリニックを併設してリハビリ環境を強化しているホームもあります。**

在宅復帰を目指してリハビリを目的とした施設の代表としては、**「介護老人保健施設」**があります。これは、介護を必要とする高齢者の自立を支援し、医師による医学的管理のもとに、看護や介護に加え、作業療法士や理学療法士等によるリハビリ・栄養管理・食事・入浴などの日常サービスを併せて提供する施設です。利用者一人ひとりの状態や目標に合わせたケアサービスを、医師をはじめとする専門スタッフが行ない、夜間でも安心できる体制を整えています。**利用対象者は、入院治療を必要としない要介護度1～5と認定されてリハビリを必要とする方**となります。「介護老人保健施設」は、**リハビリに特化した施設**であり、**生涯に渡って入所して生活をするところではなく、在宅復帰を目的とした中間施設としての位置づけがされています。**医療としてのリハビリ技術提供を行なう施設なのです。

居住を目的としている場合は、リハビリ設備が充実している有料老人ホームやサービス付き高齢者住宅になります。また施設では、介護保険法でいう介護老人福祉施設としての**「特別養護老人ホーム」**や**「ケアハウス（軽費老人ホーム）」**があります。**これらの施設はリハビリが**

目的の施設ではないため、リハビリにかける時間や専門的知識を有する職員の有無により、リハビリ環境の状況は施設により大きな違いがあります。

近年、有料老人ホームでは、リハビリに力を入れるところが増えてきています。それでも脳梗塞などのリハビリについて、専門的な療法が受けられるホームはそれほど多くはありません。一般的に簡易的なリハビリ体操やストレッチなどを実施したり、廊下の手すりや平行棒などでリハビリを行なったりしていますが、通常は予防的なものであり、病院で行なわれるような本格的なものとはその内容が異なるのが実態です。ただし、定期的に作業療法士や理学療法士等が週に数回訪問して指導しているホームもあります。また、柔道整復師やマッサージ師が勤務したり、ホームに定期的に訪問してリハビリを実施しているところもあります。

有料老人ホームでは、そのホームごとに様々な特色をもって運営しています。他のホームにはない、専門的なリハビリが実施できるようにしているホームも多くなってきています。また診療所をホームに併設して設置しているところもあります。リハビリなどの療法ができるホームは、サービス提供のための費用も一般のホームの入居料金よりは高額な場合もあります。

希望するリハビリがホーム内で受けられれば、便利で安心ですから、有料老人ホームを選択するひとつの基準として、診療所の併設の有無やリハビリ体制の充実度を選択肢に加えてもいいでしょう。

Q010 身体に障がいがある息子と65歳の私が一緒に入れる住まいはありますか？

Ⓐ **現時点では、高齢に達していない息子さんとの入居を可能にする公的施設はありません。民間の有料老人ホームの中には、高齢でなくても身体障がい者に向けて、日常生活に必要な利便を提供するところがあります。**

高齢者施策と障がい者施策の両方で運営している施設や高齢者住宅はほとんどありません。ただし、大阪のオレンジコープが運営する「みのりシリーズ」は、介護付住宅ですが、入居に際して、年齢や要介護認定の有無などの制限は一切ありません。障がい者雇用もしており、障がい者向けのグループホームも運営しています。

有料老人ホームで提供されるサービスは、施設スタッフによる見守り、食事・掃除・洗濯などの生活サービスや介護、緊急時の対応などとなっています。スタッフが常駐しているために安全・安心して住むことができますが、主体となるサービスの提供は高齢者に向けてのサービスです。職員が介護サービスを提供しない住宅型有料老人ホームでは、介護が必要なときには訪問介護や通所介護などの在宅サービス、ホーム内に併設された介護サービスの事業所を利用することになります。

「みのりシリーズ」のような介護付住宅であれば、息子さんの自立に向けて、自治体が運営する身体障がい者療護施設などへの通所がホームから可能となります。いままでの生活スタイルに近い形で、費用はその分かかりますが食事と生活支援サービスが受けられ、介護を含めた日常生活の援助を受けることができます。

また、宮城県の医療法人社団清山会では、重症の心身障がい者や知的障がい者、認知症高齢者等が、年齢や障がいの内容・程度を超えて、一つ屋根の下で、地域との関わりの中で生きがいや役割を持ちながら豊かに暮らすことを目的としたグループホームを県内で複数運営しています。介護保険法や障がい者自立支援法による制度を適用して、地域で暮らす場所を提供するために民間事業者が、グループホーム形式で一定の料金で日常生活に適するような居室、その他の設備を提供しています。ケア（サポート）付きの住まいで、「民間と行政が協働した運営」、「高齢者、子ども、障がい者といった対象者別でない施設の運営」を目的として、「誰もが、ありのままに・その人らしく、地域で暮らすことができる地域社会」を目指して、「障がい者の日常生活及び社会生活を総合的に支援するための法律」に基づいて施策展開されるものです。

このような法のもと、知的障がい者を含めて介護を要する方を対象とするケアホームが制度化されたことで、専門のスタッフの支援によって一般の住宅で集団生活するグループホームが増えることが期待できます。できるだけ家庭に近い環境で共同生活を送ることが可能になります。生活スタイルは、6～10人程度の少人数となりますが、専門の研修を受けたケアスタッフと一緒に生活できるという安心感があります。食事を作ったり、洗濯や掃除などみんなで分担するところも多いようです。入浴や排泄のケアをするスタッフなどもいるところでは、必要に応じてケアを提供しているようです。息子さんが、施設に入居しながらもその有する能力に応じて可能な限り自立生活した日常生活を営むことができるように、支援できる施設を選択することが大切です。

第2章

高齢者住宅・サービス付き高齢者向け住宅がわかる

Q 011 高齢者住宅や施設には、どういう種類があるのですか？ 入居の条件や費用についても教えてください

Ⓐ

住宅系には「有料老人ホーム」「サービス付き高齢者向け住宅」「シルバーハウジング」「グループホーム（認知症対応型共同生活介護）」などがあります。施設系には「軽費老人ホーム（ケアハウス）」「介護老人福祉施設（特別養護老人ホーム／特養）」、医療系としては「介護老人保健施設（老健）」「介護療養型医療施設」などがあります。

「長年住み慣れた自宅にずっと住み続けたい」と望みながらも「元気なうちに、自分で高齢者住宅や施設を探して住み替えよう」と考える人が増える傾向にあります。介護が必要な状態になってからでは、あちこち見学に行くことがままならなくなり、家や荷物の処分、引越しなども困難になることを懸念しているようです。

住み替えをするときに重要なことは、まず自分が何を希望しているのかを明確にし、どうしても譲れない条件や優先順位をはっきりさせることです。資金面についてもよく考える必要があります。

高齢者向けの主な住まいを「住宅系」と「施設系」に分けて説明します。

1 住宅系

◎有料老人ホーム

「健康型」「住宅型」「介護付」があり、総数は９０００件を超えています。ほとんどは介護付と住

宅型で、要介護者向けになっています。入居時に住まいとサービスの契約を一緒に行ないます。「介護付」は、介護が必要になっても介護サービスや生活全般の介助が受けられ、要介護度が高い人や、重度の認知症の人でも基本的に最期まで生活できます。自立で入居する場合は、入居時に一時金としてまとまった金額を支払うホームが多いです。「介護付有料老人ホーム」については、第3章で詳しく説明します。

◎サービス付き高齢者向け住宅(サ付き住宅)

60歳以上の高齢者が、主に賃貸契約を結んで入居する住宅です。高齢者が生活しやすいようバリアフリー構造になっていて、専用部分は25㎡以上（食堂など十分な広さの共有部分がある場合は、18㎡以上でも可）です。日中はケアの専門家がいて、安否確認と生活相談を行ないます。家賃には生活支援サービスの費用は含まれていません。また介護サービスを受けたいときには、別途、外部の介護サービス事業者と契約を結ぶ必要があります。全般的に要介護者向けが多く、自立向けは少ないのですが、家賃は月額5万円ぐらいから50万円ぐらいまでと幅広いです。ほとんどのサ付き住宅では、希望者に食事の提供があります。

◎シルバーハウジング

60歳以上の高齢者向けの公営賃貸住宅です。家の中はバリアフリー構造になっています。サ付き住宅と同様、日中は生活援助員がいて、安否確認や緊急対応を行ないますが、食事サービスなどはありません。介護サービスを受けたいときには、別途、外部の介護サービス事業者と契約を結びます。シルバーハウジングは戸数が少ないため、立地が良いと倍率が高いです。家賃は所得に応じた負担となります。

◎グループホーム(認知症対応型共同生活介護)

認知症の診断を受けた高齢者が、だいたい9名を1ユニット(軒)とした家庭的な雰囲気の中で、日常生活を送ります。2ユニットあるところが多く、認知症が進行しないような環境作りをしています。要支援2以上で入居でき、費用は家賃・食費・管理費・雑費などを含めて月額15万円〜20万円ぐらいです。

2 施設系

◎軽費老人ホーム(ケアハウス)

60歳以上で、自分で身の回りのことができるものの、独立して生活するには不安がある人が対象です。公的な施設なので、利用料は所得に応じた負担で、月額7、8万円〜15万円ぐらいです。介護サービスを受けたいときには、別途、外部の介護サービス事業者と契約を結びます。次に説明する特養と同じような介護サービスを受けることができる介護付ケアハウスもあります。

◎介護老人福祉施設(特別養護老人ホーム/特養)

要介護度が高く、自宅での介護が難しい人のための公的な施設で、2015年度からは要介護3以上の人が対象となります。多床室(4人部屋)が多いですが、新型特養といわれるユニットケア方式の個室化も進んでいて、全体の3割程度を占めてます。特養は待機者が多く入居までに数年間待つこともあります。費用は所得に応じた負担となっていて、4人部屋で月額5〜6万円ほどです。

高齢者住宅の種類

住宅系	有料老人ホーム
	サービス付き高齢者向け住宅
	シルバーハウジング
	グループホーム
施設系	軽費老人ホーム（ケアハウス）
	介護老人福祉施設（特別養護老人ホーム／特養）
医療系	介護老人保健施設（老健）
	介護療養型医療施設（療養病床）

運営は社会福祉法人です。

3 医療系

◎介護老人保健施設（老健）

病院を退院したあとに、自宅で生活できるようにリハビリなどを行なう施設。入所できる期間は6カ月以内に限られています。医療法人が運営しています。

◎介護療養型医療施設（療養病床）

病状は安定しているけれども医療的管理が必要な要介護1以上の人のための施設です。２０１７年末をめどに全廃が進められていましたが、厚労省から存続の方針が提示されました。

Q012
高齢者住宅や施設についての情報は、どう集めたらいいのですか？どこに相談すればいいのですか？

A

書籍や雑誌、ムック本、テレビなどで情報を集める、インターネットで検索するなどの方法があります。自治体ではリストを提供しています。高齢者住宅の情報を提供する紹介センターもあります。セミナーに参加してもいいでしょう。

Q11でも紹介したように、有料老人ホームやサービス付き高齢者向け住宅（サ付き住宅）など、高齢者向けの住まいは多種多様です。今後の生活に不安を感じて住み替えを考えたときに、資料や情報を集めて検討することは、とても重要です。とはいえ、一体どんなふうに情報収集をしたらよいのか、途方に暮れてしまう方がいるかもしれません。いくつかの方法をご紹介します。

高齢者向けの住まいについては多くの人が関心を寄せていますので、雑誌の特集やムック本、テレビなどでもよく取り上げられています。関連する書籍も数多く出版されていますから、書店や図書館で探すこともできます。

自治体によっては、高齢者向けの住まいについてのリストを配布しているところもあります。住まいの地域の自治体に問い合わせてみるとよいでしょう。

インターネットで検索する方法もあります。高齢者向けの住まいを紹介しているサイトはたくさんあります。例をあげてみると、「オアシスナビ」「HOME'S介護」「探しっくす」などでは、都道府県別に有料老人ホームやサ付き住宅などを検索することができます。それぞれの住まいのデータや費用、特徴などを比較することができますし、住まいを選ぶときのチェックポイントや手順などもわかりやすく書かれています。

また、地域は限られますが、高齢者住宅に関する情報を提供する紹介センターがあります。そこを活用してもよいでしょう。

たとえば「高齢者住宅情報センター」は、事務所が東京と大阪にあり、それぞれ主に関東圏、関西圏に対応しています。相談に出向けない人のために、電話やメールでの相談にも無料で応じています。「高齢者住宅情報センター」の特徴は、専門の相談員が、第三者的な立場に立って無料で情報を提供すること。それは住宅や施設を紹介するだけにとどまりません。その人の置かれている状況や価値観、将来的な希望、資金などを聞き、様々な選択肢を提示しながら、よりよい生活設計が立てられるようサポートしていくのです。つまり、施設や住宅＝ハード面と、生き方や住まい方＝ソフト面の両方に対応しているのだといえます。ホームページにも住宅や施設の選び方などについての情報が載っており、セミナーや見学会も定期的に開催しています。

住み替えの情報を集める方法をいくつか紹介してきましたが、大切なのは「有料老人ホーム」だけ、あるいは「サ付き住宅」だけというように限定せず、幅広く情報を集めることです。またセミナーに積極的に参加して、選び方や資金面について勉強したり、見学会に出かけてみることも必要だといえます。

Q013 高齢者住宅や施設に入ったら、住民票は移さないといけないのですか？

A どちらでもかまいません。その人の事情に応じて、移すか移さないかを選択するとよいでしょう。

有料老人ホームやサ付き住宅などに住み替えをするとき、自立の人は自宅を処分して新しい場所に移ることが多いですが、要介護の人は、当面は自宅をそのまま残しておくことが多いようです。

自宅を残しておくときに、住民票を住み替え先に移さなければいけないのか、という質問を受けることがよくあります。住民票を移さないと、住み替え先で介護保険が使えないのではなかと心配になるようです。

結論からいうと、住み替え先に住民票を移しても移さなくても、どちらでもかまわないでしょう。**住民票を移さなくても、住み替え先で介護保険の居宅サービスや施設での介護サービスを受けることは可能です。**自宅と住み替え先を行ったり来たりする場合や、夫婦のどちらかだけが有料老人ホームに入るような場合は、住民票を移さない人が多いようです。

ただし、地域密着型介護である小規模多機能型居宅介護や夜間対応型訪問介護などを利用するときには、住民票を住み替え先に移す必要があります。地域密着型介護とは、その名の通り、地域に密着して行なわれる介護サービスです。住民票がその市区町村にある人だけが利用できます。サ付き住宅の1階に小規模多機能型居宅介護の事務所がある場合などは、住民票を移していれば利用することができます。

住民票を移すメリットで、もう一つ忘れてはいけないことがあります。それは、**住み替え先の自治体の選挙権が得られることです。**自分が「終いの住みか」として選んだ場所で、地域に根付いて暮らしていこう、積極的に関わっていこうと考えるのであれば、住民票を移すほうがよいのではないかと思います。

よく誤解されるのですが、「自宅を売ったときに譲渡所得の3000万円までが控除される特例」の対象となるためには、「住民票の住所を自宅のままにしておかなければいけない」と思っている人がいるようです。しかし、この特例の適用となるためには「実際に住んでいる家を売る」または「以前に住んでいた家なら、住まなくなってから3年目の年末までに売る」ことが条件です。住民票が自宅になっているだけでは「実際に住んでいる」とは見なされません。

なお、住民票に関して例外があります。自宅がある自治体とは別の場所にある有料老人ホームなどの施設に入居して介護（特定施設入居者生活介護＝Q23参照）を受けるときには、住民票を移したとしても、住み替える前の自治体の介護保険を使うことになっています。これを「住所地特例」といいます。特養や有料老人ホームなどがたくさんある自治体に、介護費用の負担が集中することを防ぐ目的で行なわれている制度です。2015年度からは、サービス付き高齢者向け住宅も住所地特例の対象となります。

Q014 「サービス付き高齢者向け住宅」とはどういうもので、どのようなサービスがついているのですか？ どのくらいの費用が必要なのでしょうか？

Ⓐ **高齢者専用の住宅で賃貸方式が多いです。建物はバリアフリー構造で、安否確認と生活相談がついています。介護などのサービスはついていないことが多く、外部の事業者と別途契約します。**

サービス付き高齢者向け住宅（サ付き住宅）とは、近年、注目されている「サービス付き高齢者向け住宅（サ付き住宅）」は、２０１１年10月に登録が始まり、急増している高齢者専用の住宅です。賃貸の場合は賃貸契約を結び毎月家賃や共益費、サービス費などを支払います。一般的に有料老人ホームのような入居一時金は不要です。

サ付き住宅は事業者が都道府県・政令市・中核市に登録する必要がありますが、２０１４年８月現在の登録物件数は５０００件以上、総登録戸数は15万６６５０戸。ちょうど2年前にはそれぞれ２０９２棟、６万６５５２戸でしたので、急激に増えていることがわかります。これは、国が特別予算を組み、事業者に対して建築費の補助を出すなどメリットを与えて、設置を推進しているからです。

サ付き住宅の建物はバリアフリー構造になっています。床に段差をつけない、トイレや浴室に手すりを設置するなど、国が定めた基準があります。各住居の専用部分の床面積は原則として25㎡以上と定められていて、専用部分には台所、水洗トイレ、浴室、洗面所、収納が必要です。ただし共用の部分に、共同で使用するための適切な浴室、食堂、居間などがある場合は、各戸の専用部分の床面積は18㎡以上でも可となっています。18㎡ぐらいですと介護付有料老人ホームの介護居室のようなイメージです。実際のところ、専用部分が20㎡未満の住宅がサ付き住宅全体の約6割を占めています（2014年3月現在）。

次にサ付き住宅の「サービス」の部分ですが、ケアの専門家が少なくとも日中は常駐して、安否確認と生活相談を行なうことが必須となっています。ケアの専門家とは、介護職員初任者研修課程修了者（ホームヘルパー2級）以上の資格所有者です。どんなケアの専門家がいるのかは、サ付き住宅によって異なります。ケアの専門家が24時間常駐しているサ付き住宅が多いですが、中には夜間は緊急通報サービスを利用するところもあります。

費用面については、サ付き住宅によっては入居時に敷金が必要なところもありますが、多くても6カ月分ほど。敷金ゼロのところもあります。

家賃やサービス利用料などは、サ付き住宅によって異なります。家賃は月払いのところが多く、Q11でも触れましたが、月額5万円ぐらいから50万円ぐらいまで幅広いです。数は少ないですが自立者向けのサ付き住宅では、「一括前払い家賃方式」を選べるところもあります。入居時費用が低額だとしても、長く住むことを考えると、月々家賃を支払っていく方式のほうが総額で高くなることもあります。最初に一括で払っておくほうが安心できると考える高齢者もいるからです。

食事については、ほとんどのサ付き住宅では食事の提供をしています。食事を希望する場合は、だいたい月額4万～6万円が食費としてプラスされます。光熱費などは、自己負担のところが多いです。

数少ない自立から入居できるサ付き住宅の具体的な費用の例をあげてみましょう。たとえば、兵庫県神戸市にある「ゆいま～る伊川谷」では、家賃の一括前払金として1000万円～3428万円を支払います（分割払いもあり）。10年以内に契約が終了すると返還金がありますが、10年以上住んだとしても追加家賃は不要です。家賃以外に毎月、生活支援サポート費と共益費として、一人入居では5万6340円、二人入居で8万4620円がかかります。食費や光熱費などについては別途、個人負担となります。

間違えやすいのですが、一般的にサ付き住宅には介護サービスの費用は含まれていません。外部の介護事業所と個別に契約をして居宅サービスを受け、サービス費の一割を自分で支払います。建物内に介護事業所があるサ付き住宅なら、そこを利用してもいいですし、別の介護事業所と契約してもかまいません。自分で選択することができます。

サ付き住宅によっては、介護付有料老人ホームのように毎月の介護サービス利用料が定額（特定施設入居者生活介護）のところもあります。また訪問診療に力を入れていたり、看取りまで行なっているなど、いろいろな特徴があります。

必須事項である「安否確認」や「生活相談」は、様々な相談ごとに対応するところから、緊急時の対応のみ行なうところまでいろいろです。そのサ付き住宅がどんなサービスを提供するのか、事前によく確認をするとよいでしょう。

また、サ付き住宅では食事の提供は必須ではありませんが、2014年3月現在、要介護者向けがほとんどですので、全体の約95％が食事の提供サービスを行なっています。同じく、入浴介護や調理等の家事サービスを行なっているサ付き住宅も、それぞれ約半数あります。

2011年秋に登録が始まって4年目を迎えるサ付き住宅ですが、しだいに問題点が浮き彫りになってきました。サ付き住宅として都道府県に登録する条件は、ハード面は「バリアフリー」と「規定の部屋面積」、ソフト面は「安否確認」と「生活相談」だけでいいのですが、それだけでは、必ずしも入居者が集まらなくなっているのです。

なぜなら、サ付き住宅であろうと有料老人ホームであろうと、どこで暮らしたとしても、高齢者のニーズは変わらないと思われるからです。高齢者の共通ニーズというのは「介護・看護・医療の連携」「食事の提供」「相談」。サ付き住宅でこのニーズに対応していないところは、高齢者から選ばれず、その結果、空室が目立っているといいます。急増しているサ付き住宅ですが、建物だけを作っても「質」がともなわなければ、いずれは淘汰されるのではないかと懸念されます。

今後のサ付き住宅選びでは、建物内に介護事業所があるかないかにかかわらず、介護事業所や訪問看護ステーション、往診をする診療所などを入居者とうまく結び付けてマネジメントできる専門性の高い人がいるかどうかが、重要なポイントになると思われます。

サ付き住宅を探す時には、このような点もよく調べることをおすすめします。

Q015 サービス付き高齢者向け住宅についての新しい動きはありますか？

Ⓐ 「ゆいま〜る高島平」は、全国初の試みとして、集合住宅内に点在する居室をサ付き住宅にしています。東京都板橋区のUR都市機構の高島平団地の中にあります。住民参加型のサ付き住宅です。

サ付き住宅というと、これまでは「集合住宅の一棟丸ごと全部屋がサ付き住宅」というのが一般的でした。２０１４年12月に全国で初めて、一棟の中のあちこちに居室が分散するサ付き住宅が、東京都板橋区にあるＵＲ都市機構（都市再生を担う国の政策実施機関）の高島平団地の中にオープン。これが「ゆいま〜る高島平」で、一棟１２１戸のうち、点在する空室30戸を事業者である株式会社コミュニティネットが借り上げ、居室を改修してサ付き住宅に登録しています。

「ゆいま〜る高島平」の特徴は、住民参加型であること。一般社団法人コミュニティネットワーク協会が、事業者に決定する前から地域の方々や会員の方々に呼びかけて「高島平団地で暮らし続けるしくみをつくる会」を立ち上げました。そして「つくる会」のメンバーの希望を取り入れて「ゆいま〜る高島平」のしくみづくりや間取りの決定などを行なってきたのです。

部屋の間取りは、たくさんの間取り案の中から「つくる会」が話し合いを重ねながら選んでいきました。その結果、収納が多いタイプ、大きめのダイニングがあるタイプ、ＬＤＫが南北にのびるタイプの3種類が採用されました。広さは約42㎡〜44㎡で、サ付き住宅としてはゆったりした広さだといえるでしょう。

「ゆいま～る高島平」では、介護職員初任者研修課程修了者（ヘルパー2級）以上の有資格者である生活コーディネーターが日中駐在し、安否確認や生活相談、緊急時の対応などを行ないます。夜間はオンコール対応で外部事業者と連携。24時間365日のサポート体制となっています。また地域の病院やクリニック、介護事業所などとも連携しているので、何かあった時にも心強いといえるでしょう。このように「ゆいま～る高島平」では、地域の人たちと連携しながら、安心して暮らせるしくみを構築していくことを目指しています。また、団地に暮らしている方々の希望を取り入れ、団地に暮らす60歳以上の方に、生活支援サービスを提供しています。

入居費用は、毎月の賃貸払い（9万3600円～9万8100円）と、一括前払いから選べます。一括前払いでは、年齢ごとに想定居住期間に基づいて金額が設定されています。たとえば76歳の場合、想定居住期間は15年で、一括前払い金は1684万円～1765万円です。ただし、想定居住期間を超えても追加金額なしで住み続けることができます。敷金は家賃の2カ月分です。サポート費は、一人の場合は月3万6000円、二人の場合は5万4000円で、他に団地の共益費2700円が必要です。

入居の契約をするときには、保証人を一人立てる必要があります。別途、保証人がいなくても契約できるしくみがあり、その際は、預り金200万円と任意後見人が必要です。

全国の大型団地では、建物や設備の老朽化と住民の高齢化が共通の課題となっています。「ゆいま～る高島平」は、団地再生への新しい取り組みとしても注目されています。

Q016 サービス付き高齢者向け住宅は、賃貸借契約を結ぶのですか？　必要な書類は？　また、退去させられることはありますか？

Ⓐ **サ付き住宅は賃貸借契約を結ぶところが多いです。契約するときには住民票や健康保険証などが必要になります。退去となるのは、家賃を滞納した場合や共同生活が営めなくなった場合などが多いようです。**

サ付き住宅に入居するときには、一般の賃貸物件を契約するときと同じように、賃貸借契約とサービス契約を結ぶところが多いです。中には、一括前払い家賃方式が選択できるところもあります。ほかに、数は少ないようですが、有料老人ホームなどに多い利用権方式（Q24参照）をとるサ付き住宅もあります。

契約のときに必要となる書類は、サ付き住宅によって様々です。用意し忘れると契約することができませんので、事前によく確認するとよいでしょう。住民票や健康保険証、保証人の印鑑証明などが必要になることが多いようです。

サ付き住宅を退去させられるのは、家賃を滞納したときです。これは一般の賃貸物件と同じだといえます。それ以外の理由で退去しなければならないことは、あまりないといえます。サ付き住宅によっては、契約書に退去の条件として「共同生活が営めなくなった場合」という文言が入っていることがあります。そのときには、具体的にどういうことが退去の条件になるのか、確認しておくとよいでしょう。

Q017 サービス付き高齢者向け住宅は、保証人が必要ですか？ それはなんのためですか？ 保証人にはどのような負担がかかってくるのですか？

Ⓐ 連帯保証人が必要になることが多いです。契約者と同じ責務を負うので、契約者の家賃不払い時などに責任を負います。

サ付き住宅の契約には、多くの場合、連帯保証人が必要になります。連帯保証人は、賃貸契約における義務や責務について、契約者本人と同じ責任を負います。家賃の不払い等があれば契約者に代わって責任をとるのです。連帯保証人には、65歳以下で月々の収入がある人、というような条件がつくこともあります。

親族がいない人や、いても疎遠にしている場合など、連帯保証人を立てることが難しいことがあるかもしれません。そのときにはサ付き住宅の事業者から、高齢者住宅財団の高齢者家賃債務保証制度の利用をすすめられることがあります。これは入居者が保証料を払うことにより、高齢者住宅財団が連帯保証人の役割を担う制度です。ほかにも連帯保証人として、弁護士や司法書士などをすすめられることもあります。連帯保証人を頼める人がいないときには、そのような方法をとるのもよいでしょう。

連帯保証人のほかに、身元引受人や緊急連絡先が必要なサ付き住宅も多いです。入居者が亡くなった時の引き取りや、入居者の判断能力が低下したときの意思決定の代行などのためです。

Q018 サービス付き高齢者向け住宅に、夫婦で住むことはできますか？どちらかが認知症で要介護状態でも大丈夫ですか？

Ⓐ **サ付き住宅によっては、夫婦2人用の居室があるところがあります。どちらかが認知症でも入居することができます。**

ご夫婦共に高齢になって住み替えを考えたとき、2人で入居できるところに移りたいと考えるのは、ごく自然なことだと思います。サ付き住宅で2人部屋を設けているところもありますが、一人部屋に比べると、部屋数は少ないです。

もし、希望するサ付き住宅に2人部屋がないときには、一人部屋を二つ契約する方が多いようです。その際二部屋のうち一部屋を寝室、一部屋をリビングというように使うご夫婦もいます。

サ付き住宅は、入居時にかかる費用が敷金だけのところが多いとはいえ、二部屋分の契約をすると、毎月の経費が40万円以上かかることもあります。資金計画をしっかり立てる必要があるでしょう。自宅を売却することなどを考えたほうがいい場合もあります。

なお、**サ付き住宅は認知症の方も入居できます。**ご夫婦のうちどちらかが認知症で、なおかつ2人部屋を希望する方がいるかもしれません。**認知症が進行すると、一緒の部屋に住んでいるもう一人に負担がかかり、その人のストレスが大きくなることが考えられます。**別室の方がいいこともありますので、よく検討することをおすすめします。

Q019 サービス付き高齢者向け住宅は、有料老人ホームと何が違うのですか?

A サ付き住宅は賃貸方式のところが多く、サービス契約は別になっています。有料老人ホームは、住まいとサービスの契約を一緒に行なう利用権方式で、入居一時金がかかるところが多いです。詳細については、個々の住宅ごとに千差万別です。

近年、急速に普及しているサ付き住宅ですが、有料老人ホームと比べてなんとなく、「サ付き住宅は費用が安い」「サービスがついているので安心」などと考えている人が多いようです。高齢者の人からしばしば、「サ付き住宅」と「介護付有料老人ホーム」との違いについて質問されるのですが、あまり明確ではないといえます。

ここではおもに費用と介護の観点から、「サ付き住宅」と「有料老人ホーム」を比較してみます。まずサ付き住宅は多くの場合、賃貸契約を結んで入居するところが多く、敷金が3～6カ月程度必要になります。家賃は月額5万円ぐらいから50万円ぐらいまで幅広いです。サ付き住宅のなかには、「一括前払い家賃方式」を選べるところもあります。食事代や光熱費などは、別途、自己負担のところが多いです。

サ付き住宅で介護を希望するときには、介護保険を利用して個別に介護サービス業者と契約することになります。看取りまで対応するかどうかは、サ付き住宅によって様々です。なお、特定施設の指定を受けているサ付き住宅の場合は、介護費用は定額（特定施設入居者生活介護）になります。

有料老人ホームについては、次の章に詳しく載せていますが、自立者向けのホームであれば、入居一時金として数百万円から多いところで数千万円が必要になります。月々の費用は管理費などで5万円から10万円ほどかかります。要介護者向けのホームは、入居一時金が3000万円ぐらいまで様々です。最近は100万円以下のところも多く、選択肢が増えています。月額費用はサ付き住宅と変わりません。

有料老人ホームは入居時にまとまった金額が必要ですが、介護が必要になっても、介護付有料老人ホームであれば介護費用は定額（特定施設入居者生活介護）で、重度の認知症や看取りにも対応するところが多いので、安心感があるといえるかもしれません。

ただし有料老人ホームでも「住宅型有料老人ホーム」の場合は、サ付き住宅と同じで、介護が必要になったら外部の介護サービス事業者と個別に契約します。

サ付き住宅か有料老人ホームかという違いよりも、個々の住宅によって大きなばらつきがあるといえます。よく確認してみることをおすすめします。

Q020 サービス付き高齢者住宅に入居してから長期入院した場合、どうなるのでしょうか？ 退去させられるのですか？

A 賃貸借契約をしていますので、長期間入院しても借り続けられます。ただし家賃や共益費等を支払う必要があります。

歳をとるにつれて、病気やけがなどで入院する可能性が大きくなるものです。サ付き住宅に一人で住んでいる人にとって、自分が入院している間も部屋を借り続けられるのかどうかは、とても気になることです。

サ付き住宅は賃貸借契約を結んで入居するので、普通の賃貸住宅などと同じように、入院したからといって退去する必要はありません。ただし、入院中も家賃や共益費等を支払う必要があります。サ付き住宅によっては、入院中でも管理費やサービス費などが発生するところもあるので、事前によく確認することが必要です。

もし長期の入院になるために、契約を解除して退去したとしても、退院後に同じサ付き住宅に空きがあれば、再度、入居することは可能です。実際のところ、サ付き住宅で満室になっているところは少ないといわれています。もし元のサ付き住宅が満室のときには、条件にもよりますが、別のサ付き住宅を探せば比較的容易に見つかることが多いようです。

Q 021 高齢者住宅に入居を決める前に見学したいのですが、チェックポイントを教えてください。また、体験利用はできるのですか?

A チェックすべきポイントはたくさんありますが、「設備・環境」と「サービス内容」の2つに大別されます。スタッフや入居者の雰囲気を自分の目で確かめることも大切です。

ここでは、サ付き住宅に限らず、有料老人ホームなども含めた高齢者住宅を選ぶ際のチェックポイントについてみていきます。

高齢者住宅の8割は要介護者向けで、家族が選ぶ場合が多くなると考えられます。選ぶ際は資料やパンフレットなどを集め、情報センターに相談したりして検討を重ねるとよいと思います。そして必ず見学に足を運びましょう。実物を見ることで、パンフレットやデータなどでは見えてこなかった情報を得ることができるからです。

自立の人が自分のために探す場合も同じです。希望する暮らし方や譲れない条件を絞り、それ以外は選択肢を多くして探すことをおすすめします。

見学に行くからには、チェックすべき点をしっかり見てくるようにします。一度行くだけでは見えてこないこともありますので、曜日や時間帯を変えて2、3回行くとよいでしょう。気になっていることは、納得するまで質問をすることが大切です。チェック漏れがないように、当日は確認すべき点や質問事項などをまとめたリストを持って行くといいと思います。1人で行くよりも、できれば家族や友人と一緒に行くほうがいいです。複数の視点でチェックすることができ、自分では気が付かなかったことを、ほかの人が指摘してくれることがよくあるものです。

見学に行ったら、経営者や責任者と面会して、経営理念や運営方針を直接聞かせてもらう機会を持つことも重要。トップの人が高い理念をもっているところは、スタッフの意識も違います。それが「質」の差となって如実にあらわれます。

見学時のチェックポイントは、主に「設備・環境」と「サービス内容」に大別されます。それぞれについて説明していきます。

まず、「設備・環境」についてのチェックポイントからみていきます。建物は、国の基準に沿って作られているので、バリアフリーになっているのは当然ですが、広さや間取り、トイレや浴室の使い勝手、手すり等が使いやすい位置にあるかなどを確認します。適当な収納も必要です。部屋の日当たり、風通し、騒音などもチェックします。写真を撮ってもいい場合は、記録のためにカメラで撮影しておくとよいでしょう。なお、**サ付き住宅よりも有料老人ホームのほうが、設備基準などのハードルが高いので、設備もそれに沿ったものになっています。**そのことを前提に見学されたほうがいいと思います。

現在は介護が必要なくても、将来的には必要になるかもしれません。要介護状態になったときのことまで考えて、介護がしやすい部屋かどうかという点にも注意をはらいます。ドアが開け閉めしやすいか、車いすを使用しても自由に行動できる広さがあるか、トイレはプライバシーが保てる作りになっているか、などをチェックします。

共有部分については、日々の生活が豊かに過ごせる空間づくりがなされているかを見ます。車いすでの動きやすさ、エントランスのセキュリティシステム、台所・浴室・洗濯室の使いやすさや使用する際のルール、来客のためのスペース、災害時の避難ルートなどがチェックポイントです。

また周辺環境として、駅からの距離や交通の便、近隣の店舗、郵便局、銀行、病院なども確認しておきます。外出しやすさも大切なので、時間を作って周囲を歩いてみるといいと思います。

次に、おもにサ付き住宅の「サービス内容」についてのチェックポイントをみていきます。どのサ付き住宅でも実施しているサービスは「安否確認」と「生活相談」ですが、**月額料金に含まれるサービスは何かということと、それぞれサービスの利用回数に上限があるのか、必要に応じて来てもらえるのか、**などを聞いておきます。それらのサービスを提供する「ケアの専門家」とはどんな資格を持つ人なのか、**24時間常駐するのか**どうかもチェックします。

現状ではサ付き住宅のほとんどで、希望者に食事の提供を行なっていますが、食事は生活の基本となるもの。バラエティに富んだメニューかどうか、キャンセルはどのくらい前ならできるのか、介護食や病気食にも対応しているのか、病気のときには部屋まで運んでもらえるのか、というような点を確認します。可能ならば見学のときにぜひ試食してみることです。

ほかにも、必要に応じて追加でどんなサービスが選択できるかは千差万別。掃除や洗濯、ゴミ出しなどのサービスがあると便利かもしれません。追加サービスは、継続的に利用することが予想されるので、費用も聞いておきましょう。きちんと確認しておかないと、入居後に「こんなはずではなかった」とトラブルになりがちです。見学時に必ず書面で確認しておきます。疑問点は遠慮せずに質問し、メモなど記録として残すようにします。

介護サービスについては、同じ建物内に介護事業所があるかどうか、ない場合は近隣にあるかどうかは重要なポイントです。寝たきりや認知症になった場合の対応も気になるところです。ずっと住み続けられるかどうかの確認を必ず行なうようにしましょう。

高齢者にとって、介護と同じように大きな比重をしめるのが医療です。近くに気軽に行ける病院があるか、また訪問診療を行なっている病院や訪問看護事業所があるかどうかも確認しておきます。持病がある人は、必要な診療科を有する病院が近くにあると心強いと思います。

体験利用を行なっているかどうかは、それぞれの高齢者住宅に問い合わせてみましょう。**もし体験利用が可能でしたら、ぜひ実際に泊まってみることをおすすめします。**食事をしたりスタッフや入居者と話をしたりすることで、見学するだけではわからなかったことが見えてくることもあります。

ここまでたくさんのチェックポイントをあげましたが、**全体の雰囲気というものも実は重要。見学してみて自分が受けた印象を大事にすること**です。また、建物のエントランスが豪華だと、ついそれに惑わされてしまいがちですが、たとえシンプルな造りであっても、必要な設備やサービスが整っていることのほうが生活するうえでは大事ということもあります。スタッフや入居者の表情が生き生きしているかなどもよく観察するといいと思います。できれば、複数の高齢者住宅を見に行って比較してみるといいかもしれません。

Q022 高齢者住宅に入居して、入居者に何か仕事はありますか？

Ⓐ

高齢者住宅では、サービスを「する側」と「される側」として運営しているため、入居者がハウス内で仕事をするというしくみは、原則ありません。しかし、コミュニティネットが運営する「ゆいま～る那須」のように、働きながら暮らすという「新たな試み」を実施しているところもあります。

元気なうちは働いて、社会や人の役に立っているという実感を得たいと考える高齢者は多くいます。それは、高齢者住宅に入居しても同じで、人に必要とされることで、毎日の生活は充実感で満たされることと思います。そんな中にあって、働きながら暮らすという「新たな試み」を実施しているサービス付き高齢者向け住宅があります。それが、栃木県にある「ゆいま～る那須」です。

コミュニティネットが運営しているサ付き住宅のテーマは「居住者主体のハウスづくり　ともに育むコミュニティ」。入居しても、元気なうちは、仕事やボランティアなど、生きがいを求めて居住者が主体となった参加型の暮らしを提案しています。「ゆいま～る那須」は、ハウス内で暮らすスタイルについて、人の役にたてる暮らしを目指して運営しています。美容師や理容師をされていた人が、居住者のカットをしたり、そば職人として働いていた人が居住者に昼食の提供をするなど、「元気に働いて収入を得る」ということをハウス内で実践しています。高齢になっても、今の暮らしを楽しみながら、仕事もしていきたい。いくつになっても社会とつながっていたい。そんな入居者の声から生まれたしくみです。

食堂の厨房でそばを打つのは、群馬県で30年以上そば店を経営していた入居者。妻が脳梗塞で倒れたため店を閉めて3年前に夫婦で「ゆいま~る那須」に入居しました。たまたま、ハウスで依頼されて年越しそばをみんなに提供したところ好評で、食堂で週に2回、昼食として提供することになったそうです。週2回の食事提供で、収入は月1万5000円程度になるそうです。また、美容室、理髪店を営んでいた人は、その特技を活かして入居者のヘアカットをしています。駅からハウスまでの車の送迎を仕事にしている入居者もいます。居住しながら人に必要とされて喜ばれる実感が得られる機会があるというのは、とても幸せなことだといいます。

このように、入居している高齢者が仕事をすることができるのは、「ゆいま~る那須」に入居者が働けるしくみがあるからです。通常、高齢者住宅ではサービスなどの仕事を「提供する側」と「受ける側」という関係になりますが、ここでは、スタッフも入居者も協力し合ってサービスなどの仕事を提供して住環境を向上していこうという考えがあります。自分のペースでその人らしく仕事ができるようになっています。

その他にも、地域の人々と共にコミュニティをつくって、手工芸品の販売やお菓子や保存食づくりなどを行なっています。今後の取り組みとしてお弁当の地域への配食も視野に入れて考えているそうです。地域に必要な、生活に密着した仕事を創出することで、地元の雇用創出にもつながり、地域の活性化にもつながるものと期待されています。

「ゆいま~る那須」での取り組みは、自立している高齢者が入居する住宅の新たな形となるかもしれません。これからは、「仕事」「ボランティア」など社会活動ができるように支援する事業者も増えてくることと思います。これからの新たな高齢者住宅のひとつのモデルといえるでしょう。

第3章

有料老人ホームがわかる

Q023 有料老人ホームとは、どういうところで、どんな種類があるのですか？他の施設などと比べてメリットやデメリットは？

Ⓐ **有料老人ホームとは、「食事・介護の提供など生活全般のサービスを提供することを目的とした高齢者の住まい」をいいます。**その多くは民間企業や社会福祉法人、医療法人が運営しています。入居費用及び対象者は各ホームによって様々な違いがありますが、**介護サービス提供の違いにより、「健康型」「住宅型」「介護付」の大きく3つに分類されます。**

また、入居時の条件として「自立」と「要支援・要介護」に分類できます。**入居時には介護の必要がない人が「自立」、入居時に介護保険制度の要介護認定がある人が対象なのが「要支援・要介護」としています。**「住宅型」「介護付」どちらにもこの両方の分類がありますが、要支援・要介護者向けが多くを占めます。

介護保険制度の創設（２０００年）をきっかけとして、多くの企業が有料老人ホーム事業に算入しました。平成26年5月の時点で全国に約９８００ホームあるといわれており、内容も契約形態も多様化してきています。介護サービスの提供内容も様々で、「終の住みかとして」という理念のもとに看取りを積極的に事業のコアバリューとしているところも増えています。入居者負担の費用を含め、入居者への介護サービスの内容・援助・保護するしくみも様々となっています。

ホーム内では、自立型の居室と介護型の居室は同一建物内でフロアが分かれていたり、自立棟と介護棟が別棟になっていたりすることがあります。

従来は、自立した人のみを対象としていた「住宅型」の有料老人ホームであっても、現在は、介護を必要とする人の入居がほとんどとなっており、建物内に介護サービス事業者が入っている住宅型有料老人ホームがほとんどとなっています。

有料老人ホームとは、高齢者が暮らしやすいように配慮した住まいに、食事の提供、介護の提供、洗濯・掃除等の家事、健康管理などの日常生活を送るうえで必要なサービスが提供されるものをいいます。サービスの提供は、入居者の心身の状況に応じて、広範囲にわたって行なわれます。入居できる年齢は、「60歳以上」あるいは「65歳以上」としているホームが大半を占めます。夫婦で入居する場合には、どちらか一方がホームで定める年齢以上であれば可能となっている場合が多いようです。

有料老人ホームの種類は「健康型」「住宅型」「介護付」の3タイプがあると述べましたが、「介護付」はさらに「一般型」と「外部サービス利用型」の2種類に別れます。

「健康型」は、原則、健康な人のみを受け入れるホームのため、介護が必要になれば退去するか、併設の介護施設に移ることになります。そのため介護が必要となった場合には契約を解除して退去しなければならない「健康型」の需要は少なく、実際に施設数も多くありません。

「住宅型」は、法で定める「訪問介護等の外部サービスを利用するもの」で、**生活支援等のサービスがついた高齢者向けの住まい**です。介護が必要になった場合でも、併設されているホーム内の介護サービス事業所等の訪問介護サービスを利用しながら、引き続きそのホームでサービスを受けることができます。ホーム内のスタッフは食事サービスと緊急時の対応、生活相談など生活支援サービスを提供します。入居時の要件によって自立向けと要介護向けがあります。介護サービスの提供は、自分で事業者を選定でき、入居する際に、いままでのケアマネジャーやヘルパーを継続して利用できるという利点があります。一方で、利用したサービスごとに費用を支払うこととなるため、重度の介護状態になった場合は介護保険の限度額を超えてしまって自己負担の費用がかさむ場合があります。

以前は、住宅型も介護サービスは提供しないのが原則で、介護が必要となった場合には入居者が個別に外部の介護サービス事業者と契約する必要がありました。しかし、現在では要介護者向けの居室が多く、建物内に介護サービス事業所が入っているホームがほとんどとなっていて、介護付有料老人ホームと区別がつきにくくなっています。

「介護付」は、法で定める「介護保険の特定施設の指定を受けたもの」で、**介護等のサービスがついた高齢者向けの住まいです。都道府県から介護保険の「特定施設入居者生活介護」の指定を受けた有料老人ホームのことをいいます。**「特定施設入居者生活介護」とは、入居者の介護サービス計画書により、入浴・排泄・食事等の介護、その他の日常生活や療養上の世話、機能訓練をいいます。これらのサービスを提供するための人員基準や設備、運営基準の条件を満たして、都道府県より指定を受けたホームのみ「介護付」有料老人ホームと呼ばれ、介護保険の適用を受けて介護サービスを受けることができます。

このうち「一般型」は、介護が必要な人に対し食事、入浴、排泄の介助、レクリエーションなどのサービス提供を基本とするホームです。ホーム独自のサービスにより様々な付加価値が提供されています。介護サービスは、ホームに常駐する介護・看護職員によって提供されます。

「介護付　外部サービス利用型」は、２００６年４月の介護報酬改定に伴い、新しく制度化されたタイプのホームです。**ホーム内で提供するサービスは、介護サービス計画書の作成、緊急時の対応や生活相談といった日常生活支援のみで、介護サービスについては、外部の介護サービス事業者との契約によります。**外部の介護サービスは、ホームが作成した計画書に従って提供されることになります。「介護付」のホームは、「特定施設入所者生活介護施設」であるため、介護保険の適用を受けることができます。

有料老人ホームのほとんどが、介護が必要になった場合でも継続して住み続けることができる「住宅型」「介護付」です。自立できている人か、要支援または要介護認定を受けている人が入居できるかの要件は、ホームによって異なります。身の回りのことが自分でできる自立の人が入居する一般居室と要介護者向けの介護居室では、その広さや設備が異なっています。自立向けの居室が約30㎡以上であるのに対して、要介護者向けの居室は18~20㎡のワンルームタイプの居室でキッチンや浴室は付いていないケースがほとんどです。なお、「住宅型」「介護付」共に居室のタイプは、全体の80％以上が要介護者向けとした18~20㎡となっているのが現状です。

他の高齢者施設や住宅と比較すると費用がかかる有料老人ホームですが、民間企業や団体が運営する有料老人ホームの数は増加し、ホームが提供するサービスの内容も多種多様となっています。ホーム内に設置されている設備も比較的最新型が導入されている場合も多く、建物本体も現行法規に基づいた強度で建築や補強されている建物がほとんどとなっています。食事については、栄養バランスに配慮されたものが提供されると共に、バラエティに豊んだ食生活ができるように工夫されているホームもあります。外泊や外出についての制約も少なく、買い物や散歩、趣味を持って自律して生活することができることが原則となっています。

有料老人ホームは補助金を受けていないので、費用は他施設より高額となりますが、本人が納得して満足した生活を送ることができるというのが何よりのメリットになります。自分が自主的に選択したホームで比較的自由な行動と生活をすることで、新しい人間関係なども生まれて入居前よりも元気になったと感じる人もいるようです。高齢者の人たちが同じ環境の中で時間を共有し、時には助け合いながら住まうことで、認知症の予防や改善にも繫がるといわれています。

有料老人ホームの種類

	介護付	住宅型
制度	都道府県知事に有料老人ホームの届け出を行い、かつ介護保険法の特定施設入居者生活介護の指定を受けたホーム	都道府県知事に有料老人ホームの届け出が必要
概要	介護サービス、食事サービス、入浴サービス、健康管理サービスなど日常生活に必要なサービスを提供。入居一時金を徴収するホームが多い。ただし入居金ゼロのホームもある	一般的なサービスは介護付と同様、介護に関しては外部の介護サービス事業者が訪問や通所サービスを行なう前提だが、建物内に介護サービス事業者が併設されている場合が多い
運営事業者	株式会社、社会福祉法人、財団法人、医療法人、NPO 法人など	株式会社、社会福祉法人、財団法人、医療法人、NPO 法人など
職員配置	3：1（要介護者:ケアスタッフ）が最低基準	施設ごとに異なる
介護保険サービス	介護サービスはホーム職員が直接行なう一般形がほとんど。要介護者に対してはその人に必要な介護サービスが包括的に提供される。特定施設入居者生活介護利用可→定額制	外部の居宅サービス事業者と入居者が個々に契約。通常の住宅に住んでいるのと同様、ケアプランに基づき介護サービスが提供される。
介護保険契約	施設事業者と契約	介護サービス事業者を個別に選んで契約
介護費用	要介護の１割負担。人員体制が基準より手厚いと上乗せ介護費用が必要な場合もある	介護保険を利用した分の１割負担。介護保健の利用限度額を超えると、全額自己負担となる
開設傾向	介護保険導入後、急速にホーム数が増えた。近年は総量規制のため、住宅型ホームの開設数のほうが多く、全国での入居定員総数は介護付は住宅型の 50%以下となっている。要介護者向けが多い	2006 年４月から、特定施設が総量規制の対象となったことから、近年開設される多くは住宅型で建物内にケアプランセンターや訪問介護事業所を併設している場合が多い。介護付と同様、要介護者向けが多い

Q024 パンフレットに「利用権」とありますが、どういう権利ですか？

Ⓐ

有料老人ホームに居住するための権利形態のひとつです。簡単にいえばホームを利用する権利を購入するということです。有料老人ホームの契約方式は、この方式をとっているところがほとんどです。ホームの居室に居住し、そこで介護を受けたり、生活支援を受けたり、ホーム内の共用施設を利用したりできる権利のことです。

有料老人ホームの一般的な契約方式には、「利用権方式」の他にも一般の賃貸住宅のように毎月の家賃や管理費を支払う方式として入居契約する「建物賃貸借方式」や「終身建物賃貸借方式」などがあります。「建物賃貸借方式」とは、居住部分と介護等のサービスが別個のものとして契約する方式であるのに対して、**「利用権方式」は、居住部分と介護等の生活支援のサービスが一体になっている契約方式**です。利用権は、入居しているその人限りの権利で、譲渡や売却、相続することはできないこととなっています。そのため、持ち家のように固定資産税がかかることはありません。

有料老人ホームの多くが採用している方式である利用権ですが、この権利を得るためには、「入居一時金」としてホームの入居時に、一定の金額を払うことが一般的となっています。これにより、専用居室や共有スペースを生涯にわたり利用できて、居住部分と介護や生活支援等のサービスが受けられることとなります。「入居一時金」は、各有料老人ホームにおいて定められている償却期間・

初期償却率によって償却されます。なお、あくまで利用権（所有権ではない）なので、相続の対象となる資産にはなりません。施設を利用するための保証金という意味合いが強く、専用の居室や共用スペースを利用するための費用です。よって、この金額はホームによって様々で、償却する期間や金額も異なっています。

「入居一時金」には償却期間が設定されている場合がほとんどです。なんらかの事情でホームを早期に退去する場合や、入居した方が亡くなった場合は、事前に定められた契約に従って入居一時金が返還されることになります。この「入居一時金」の償却期間は、自立向けホームで10～15年程度、要介護者向けホームで5～7年程度と差があります。償却期間を終えると返還金は0円になりますが、継続してホームに入居し続けることができます。ホームにより、入居一時金の償却方法についても定額償却や定率償却などの違いがあり、返却される費用にも大きな差があります。

入居した後に、他の入居者との人間関係の問題やサービス内容に不満を感じるなどして、別のホームに住み替えを希望することもあります。このような場合を想定して、ホームを退去した場合に、どの程度の入居一時金が償還されるのかを知っておくことが必要です。将来の安心のためにも、入居一時金の予算は、なるべく余裕を持って考えておいたほうがよいようです。

Q025 入居するために必要な費用は？ 入居一時金の他に、介護一時金、互助費、健康管理費などは、どんな場合に必要になる費用ですか？

Ⓐ 有料老人ホームのサービス内容は事業者によって違いがあり、費用もそのサービス内容によって大きく異なっています。富裕層向けのホームから、生活保護受給者を主な入居者としているものまで、いろいろあります。一方で入居費用の内訳項目はあまり差がありません。

ホームで生活するために必要な費用は、その内容によって様々です。それでも月額にすると最低でも5万円以上にはなるというのが通常となっているようです。個人の日常生活費としても、月額3万～5万円程度は必要となります。これらを合算すると、合計で月額15万円程度はかかる試算となります。料金の内訳としては、次のようなものが代表的なものです。

1 入居一時金〈入居時〉

入居する時に支払う費用です。自分の部屋、共用スペースを生涯利用できる権利に対して支払う費用をいう場合が多いです。通常のマンションなどとは違い、「利用権」であって「所有権」はありません。居室の広さや共用スペースの広さの違いや設備の内容によって、入居一時金なしから1億円までと、その内容も金額もホームによって様々です。

2 管理費〈毎月〉

有料老人ホームのサービスや施設の管理のために毎月必要な費用です。月額5～10万円以上まで、ホームによって違いがあります。

3 健康管理費、互助費〈入居時または毎月〉

ホームによっては介護一時金として、定期的な健康診断費、健康相談費としての「健康管理費」や「互助費」を徴収しているところもあります。これは、健康管理サービス及び介護サービスの費用として、入居者への生活支援サービス費、入居者健康管理費、看護・介護職員の手厚い人員配置などに対して求めているものです。介護保険給付対象とならない介護サービスの費用として相互扶助の負担金としての扱いとなっています。ホームによって様々ですが、これも300〜500万程度と差があります。また、これらのサービスが必要になってから毎月上乗せ費用として支払う場合もあります。

4 食費〈毎月〉

自立向けのホームでは食べた分だけ支払う実費精算の形式をとっているホームがほとんどとなっています。要介護者向けのホームでは、定時に食事が提供され、一カ月あたり3万5000円〜6万円が平均的な金額のようです。

5 水道光熱費〈毎月〉

自立向けのホームでは居室に個別メーターが付いており、使用した分だけ支払うこととなっています。要介護者向けのホームでは、5000〜2万円の幅で定額で設定されているところが多いようです。ホームによっては管理費に含まれているところもあります。

費用の例（いずれもひとり入居の場合）

	ゆいま～る聖ケ丘	ライフ＆シニアハウス千種	フォレスト垂水
建物概要	住宅型有料老人ホーム	介護付有料老人ホーム	介護付有料老人ホーム
入居時の要件	自立・要支援・要介護	自立・要支援・要介護	要支援・要介護
年齢	55 歳以上	55 歳以上	65 歳以上
入居一時金	872 万円～ 3680 万円 居室面積：約 21.74 ～ 66.84㎡	1,429 万円～ 4,643 万円 居室面積：約 19.55㎡～ 64.08㎡	1,600 万円 居室面積：21.1㎡
償却期間	15 年	一般居室 10 年／介護室 5 年	6 年
介護一時金	なし	なし	328.3 万円
家賃・管理費	56,570 円（月額）	97,200 円（月額）	97,650 円（月額）
健康管理費	なし	なし	なし
食費	朝：350 円 昼：670 円 夜：720 円	朝：432 円 昼：777 円 夜：842 円	64800 円（内 32400 円は厨房維持費）
その他	24 時間スタッフ常駐	職員体制は 2：1	職員体制は 1.5：1
運営会社	㈱コミュニティネット	㈱生活科学運営	ファインフォレスト㈱
所在地	東京都多摩市	愛知県名古屋市	兵庫県神戸市

（注）金額は税込み

Q026 入居するためには、身元引受人が必要と聞きましたが、いない場合はどうなるのですか？

A 賃貸住宅に住む場合にも、賃貸契約書には身元引受人（または保証人）を記入する場合がほとんどです。それと同様に、有料老人ホームであっても「身元保証人」や「身元引受人」を求められる場合がほとんどです。身元引受人を依頼出来る人がいない場合には、「任意後見制度」を利用するなどの方法があります。

有料老人ホームとの契約にはほとんどの場合、一般の賃貸住宅と同様に1〜2人の「身元保証人」や「身元引受人」が求められます。これは入居者が緊急を要する病状に陥った場合の連絡先としてだけでなく、要介護の対応についてホームと話し合いが必要になった時の代理人の役割として必要になるからです。また、入居者が亡くなった後の退去手続き、遺品の引き取り、未払いの家賃・利用料の連帯責任なども身元引受人の役割となります。

通常の場合、身元引受人は家族に依頼するケースが多いですが、身元引受人がいない場合は、ホームに相談してみることです。ホームによっては、別途費用として一定額を支払うことで契約が可能な場合もあります。ただし、この場合にあっても後見人を立てることが求められます。たとえば、コミュニティネットが運営する「ゆいま〜るシリーズ」のホームでは、身元引受人を立てなくても契約することができます。その場合の費用は、別途200万円が入居時に必要になります。また、生活科学運営が運営している有料老人ホームの場合も、契約時に身元引受人がいない場合であっても公正証書を取り交わす等の条件を満たすことで入居可能となっています。この場合でも費用は別途300万円が入居時に必要になります。

また、身近な人に身元引受人として依頼することが困難な場合には、「任意後見制度」を利用する方法があります。**「任意後見制度」とは、本人に判断能力がなくなったときのために、財産管理や必要な契約締結等に関して、あらかじめ自分が選んだ代理人（任意後見人）に代理権を与える契約を公正証書で結んでおくというものです。本人に判断能力があるうちに契約を結びます。**介護保険制度と同時にできた制度で、自らの意思で後見人を選出するできます。任意後見制度は公正証書にその内容を記すため、法的強制力があり、その内容は公文書として国が保証するというしくみになっています。

その他に、身元保証などを代行する民間事業者やNPO団体なども数多くあります。ただし、このような事業者の中には、ホームとの解約時における返還金を受け取る際の金銭トラブルや、本人が死亡したときの遺産をその事業者に寄付することなどを求められたとする相談が、消費生活センターに寄せられています。身元引受けをしてくれる団体は、営利・非営利に関係なく民間の企業や団体です。業者との契約により身元引受人を選ぶ場合には、身元保証契約についてもしっかりと契約内容を確かめることが大切です。

身元引受人や保証人を引き受けてもらうということは、社会的に大きな責任が伴います。本人に代わってすべての責任を負うということと一緒です。その内容を本人が十分に理解するとともに、任意後見人や民間団体などの制度を利用するかも含めて、慎重に選ぶことが大切です。

Q027 居室の設備や共用スペースはどうなっているのですか？ ホーム内では、どういう人がどういうケアをしてくれるのですか？

Ⓐ **居室の設備は、日常生活で身のまわりのことを自分できる人が入居する「一般居室」と、介護認定を受け介護を必要とされる人向けの「介護居室」に大きく分かれます。**「一般居室」は普通のマンションと同じでキッチン、浴室、トイレ、洗面所が備えつけられていて広さもワンルームから2LDKまでいろいろあります。「介護居室」のほとんどは、トイレと洗面所のみで広さは20㎡程度のところが多いようです。**建物は全館バリアフリーになっていて、共用スペースは、自立向けであれば食堂、娯楽室、大浴室などが整備されているところが多く、介護付ホームでは食堂と浴室が整備されているところが多いようです。**

有料老人ホームの居室は、住宅型も介護付の場合であっても大きく二つのタイプに分類されます。ひとつは、日常生活での身のまわりのことを自分で行なえる人が入居する「一般居室」と、介護認定を受けている人が入居する「介護居室」です。「一般居室」では、夫婦で入居できるタイプもあり、その広さは30㎡以上としたところが多いようです。部屋は浴室や台所など備え付けられており、広さはワンルームから2LDKまでいろいろあります。「介護居室」は個室が原則で、その規模は20㎡以内がほとんどとなっています。ベッドを中心とした居室に洗面・トイレ付のコンパクトなワンルームタイプとなっています。収納スペースの有無については、ホームによって様々なようです。

入居する時点で、身の回りのことは自分でできる自立～要支援くらいの人は「一般居室」の対象となります。また、入居時に要介護認定を受けている人は「介護居室」となります。現在の多くの老人ホームが「介護居室」だけの建物になっています。中には、一般居室と介護居室は同一建物内でフロアが分かれていたり、自立棟と介護棟が別棟になっていることもあります。

従前は、自立した人のみを対象としていた「住宅型」の有料老人ホームであっても、現在は、介護を必要とする人の入居がほとんどとなっており、建物内に介護サービス事業者が入っている20㎡くらいの住宅型有料ホームがほとんどとなっています。

共用部の施設については、入居者が楽しめるようなサークル活動、イベント・レクリエーションなどが開催できるような設備を備えている豪華なホームもあります。将棋や陶芸、盆栽などのサークル活動や、他の入居者と合同で行なうレクリエーション、誕生会、花見、小旅行など、充実したイベントを開催するホームもあります。カラオケや麻雀卓といった娯楽系の設備が充実しているところも多くあります。ホーム設備についても、館内のバリアフリー化や緊急通報装置が設置されているところがほとんどで、車イスや寝たきりの人でも入浴が可能な機械浴のある介護フロアや、談話のできる共用スペースや身体機能回復のためのリハビリ施設の他、食堂、浴室等を充実させているホームなどもあります。

Q028 老後のことを考えて契約したのですが、気持ちが変わってしまいました。クーリングオフはできるのですか？

Ⓐ **有料老人ホームにはクーリングオフ（契約解除）制度が法的に定められています。これは、入居して90日以内に何らかの理由により退去した場合、「入居一時金」の全額が返還される制度です。ただし家賃などは返還されません。**原状回復のための費用や日割りで計算した実際の使用料金分を除き、支払った金額の全額を返還しなければならないというもので、入居一時金において適用されます。**ただし、この制度も平成18年4月1日以前に開設された有料老人ホームにおいては、義務ではなく、努力規定レベルとなっています。**

クーリングオフとは、一定期間無条件で申込みの撤回または契約を解除できる法制度です。有料老人ホームに入居する際に必要となる費用に、「入居一時金」があります。しかし、入居してみたらやっぱり自分には合わなかったとか、パンフレットに記載されていた内容と自分が考えていた内容とが違っていたなどの理由で、早期に退去を希望する場合もあります。そのような場合にあっても、「契約から90日以内に契約を解除した場合は、入居一時金を全額返還」するクーリングオフが義務づけされています。

有料老人ホームに入居する時に必要な費用は、入居時に必要な入居一時金と、入居後に毎月支払う月額利用料の2つがあります。入居一時金とは、入居時に支払うもので、ホームを利用する権利を取得するための費用です。その費用の一部は入居時に初期償却され、残りは償却期間内（自立型で10年～15年程度、介護型で5年～7年程度）で償却されていきます。償却期間内に入居者が途中退去した場合、未償却分が返還金として戻ることとなっています。毎月支払う月額利用料の内訳は、家賃、管理費、食費、水道光熱費、その他の雑費、必要に応じた追加の介護費などがあります。

このうち、クーリングオフの対象となるのは、入居時に一括して支払う「入居一時金」がその対象となります。以前の有料老人ホームにおいては関係法令にて明確にクーリングオフ制度が義務化されていませんでしたが、平成18年3月31日付けの厚生労働省の『有料老人ホームの設置運営標準指導指針について』の一部改正によって新規開設するホームについてはクーリングオフが義務化されました。「入居一時金」のみが全額対象となり、その範囲は、初期償却を伴う入居金などが該当します。ホームによっては「入居一時金」のほか、「入居申込金」とか「施設協力金」という名称で、入居時に一括して支払う費用としている場合があります。

こういった名目の費用がクーリングオフの対象となるかどうかはホームによって異なるので確認をしておく必要があります。後々のトラブル防止のためにもクーリングオフの対象となる範囲は、しっかりと確認しておくことが大切です。ホームによって、クーリングオフの対象としている範囲は様々で、法律で定められている「入居一時金」のみを全額対象としているところもあれば、返還金制度適用の利用権や前払い分の施設利用料、介護一時金なども対象としているところもあります。

Q029 住宅型有料老人ホームと介護付有料老人ホームを見学するときにチェックしておきたいポイントを教えてください

A

1 住宅型有料老人ホーム

Q23で説明したように、入居時の要件によって自立向けと要介護向けがあります。介護サービスの提供は、自分で事業者を選定でき、入居する際に、いままでのケアマネジャーやヘルパーを継続して利用できるという利点があります。一方で、利用したサービスごとに費用を支払うこととなるため、重度の介護状態になった場合は介護保険の限度額を超えてしまって自己負担の費用がかさむ場合があります。

住宅型有料老人ホームを選ぶ際には、あらかじめ利用できる外部サービスをしっかりと確認しおくことも大切です。介護や医療行為が必要になってからだと、医療面で対応できない場合や事業者の方針と合致しない場合があるからです。また、併設されている介護事業者については、事前にサービスの内容などについて確認しておくことが大切です。入居時に介護等が必要なくても、将来に備えて介護が必要なったときのことを想定しておくことが大事です。そして、管理費の中には、どこまでの生活支援サービスが含まれているか、有料のオプションサービスについてどのようなものがあるか、さらに介護保険の限度額を超えないような介護プランの作成は可能かなどの確認はしておきましょう。

2 介護付有料老人ホーム

Q23で説明したように、24時間体制で介護を受けることができるので必要なサービスが受けられ、スタッフも常住しているので日常生活での相談や簡単な頼み事はできる環境にあります。ただし、介護スタッフの人数が限られているため、ホーム側の運営方針によって介護サービスの内容は異なります。

通常必要となる費用の他にも、ホームにより有料オプションのサービスがありますので、その内容をしっかり確認しておくことが後々のトラブルを防ぐことになります。また、医療行為が必要な人やこれから必要になる可能性がある人は、どのような医療行為が対応可能か、看護師の常駐の時間などを確認しておくことが必要です。自分の望む暮らし方を踏まえ、ホームの平均介護度や平均年齢、男女比なども知っておくとよいです。また、夜間の職員数や普段の職員の配置体制についてもしっかり確認しておきましょう。職員の配置では、入居している要介護者に対して介護・看護職員が何人の割合で配置されているか、職員の勤続年数なども含めて調べておきましょう。介護付ホームの場合は、最低でも介護を必要とする高齢者3人に対して職員1人の配置が義務付けられています。配置体制を比較検討してみるのもいいと思います。

自分で入居を決める場合には、家族や親せき、友人など身近な第三者の意見を聞くことも必要です。多くの有料老人ホームは体験利用ができるようになっています。気に入ったホームが数カ所見つかったら、契約前に体験利用をしてもいいでしょう。

体験利用は、契約前の入居希望者が一定期間内にホームで生活するシステムです。入居一時金な

どは不要で、滞在した日数に応じて実費で費用を支払います。この場合、介護保険は適用外です。料金は、自立向けのホームの場合1泊2食付きで4000円～2万円くらいで体験することができます。体験利用の期間は1泊2日から1週間くらいとなります。契約にあっては、先を急がずじっくりと他のホームも併せて比較検討することが必要でしょう。そして、最後は自分で入居を判断することです。

Q030 入居したあと、退去したくなったら退去できるのですか？ また、退去させられることはあるのですか？ それはどういう場合ですか？

Ⓐ **有料老人ホームに入居後、入居前に思い描いていた内容と違っていた、他の入居者との折り合いがうまくいかない等の理由で退去をすることはできます。また、入院加療等の医療面で通常の介護サービス提供では対応できない場合や、他の入居者に迷惑がかかる行為や暴力行為などがある場合には、退去を要請される場合もあります。**

有料老人ホームに入居する人は、老後の生活を幸せに豊かに暮らしたいという願いを持って入居します。しかし、入居後にやむを得ない理由から退去する人もいます。退去理由として多いのが、サービスへの不満です。介護付の有料老人ホームに入居すれば、介護サービスを受けることができますが、介護サービスの内容はホームによって違いがあります。サービス提供の範囲などを十分に確認しないまま入居すれば、認識の違いから、考えていたようなサービスが受けられずに退去するということになりかねません。

また、人間関係で退去を余儀なくされる場合もあります。今までの家族中心の住まいから、新たな人間関係の中で暮らすホームでの生活は多くの点で環境が異なります。新しい環境に馴染めるまでには年を取ればとるほど時間はかかるものです。どこの場所で生活したとしても、人と関わって生活するのですから、価値観など自分と生活習慣の異なる人は、少なからずいるものです。日常の生活での悩みの相談やホームでの生活を快適に過ごせるように相談できるスタッフもいますので、何かあったら気軽に相談してみることです。

一方で、ホームに居住し続ける間には、健康面の変化もあります。それまではホームが提供する通常の介護サービスで事足りていたことが、もっとサービスを手厚くしなければならなくなる場合もあります。自己負担による別途介護サービスを要望することはできますが、当初想定していた介護状況を超えての介護費用の増大は月額費用の増大を招き、想定していた条件と異なることも考えられます。

また、介護付ホームであれば、介護サービスは受けることができますが、医療行為を受けることはできないホームは数多くあります。持病を抱えて入居した人の中には、入居後に病状が悪化したり入院を必要とする病気にかかったり、老化に伴い高度な医療行為が必要となった場合や長期間の入院が必要となった場合など、ホームで対応できる範囲を超えた場合にも、退去をしなければなりません。入居前には、ホームから退去しなければならない場合の条件をしっかりと確認しておきましょう。

利用料の支払いが一定期間または数回滞った場合など、利用者側の責任によって退去させられているケースもあります。入居後の資金計画なども考慮して、余裕をもった安心できるホームでの生活を計画することが大切です。

Q031 入居したあと、ホームを運営する事業者が代わることがあると聞きました。代わった場合、どういうことが起きるのでしょうか？

A **有料老人ホーム・サービス付き高齢者向け住宅の、ほとんどが民間の運営です。利益事業である以上、資金繰りなどの理由で倒産のリスクはあります。また、倒産まではしなくても経営を再建するために事業者が変更になることもあります。ただし、事業者が代わってもいままでのサービス提供は受けられる場合が多いです。**

有料老人ホーム・サービス付き高齢者向け住宅は、民間企業が経営しているケースが多く、高齢者に対して、「食事の提供」、「介護の提供」、「洗濯掃除等の家事」、「健康管理」のいずれかのサービスを提供する施設であればどんな事業体でも可能です。

民間事業であるために、ホームでのサービスの内容は様々な工夫を凝らしているものもあり、ホームごとに独自の特色を持って運営しているところがほとんどです。一方で入居者募集がうまくいかなかったり、運営経費が想定以上にかかり倒産に追い込まれるホームもあります。その場合、事業者が変更になることもあります。民間事業である以上、当然倒産リスクが存在します。

このような入居者の不安を解消するために、平成18年4月以降に有料老人ホームの設置届出が提出された有料老人ホームについては、入居一時金の保全措置が義務付けられています。保全措置とは、ホームが倒産した場合に、入居一時金の未償却部分が返還されない場合、ホームに代わって銀行や損害保険会社、公益社団法人有料老人ホーム協会等が５００万円を上限として未償却の金額を支払う制度（ただし事業者が加盟している場合のみ）です。

しかし、平成18年3月以前に設置届が提出されている従前から存続しているホームの場合は、保全に務めることとなっているだけで、努力目標となっています。そのため、平成18年3月以前に届け出がされた有料老人ホームについては、倒産した場合には返還金が戻されない場合もあります。この点についてはホームに事前に確認しておくことが必要です。

倒産までしなくても、運営会社が変更するということもあります。運営会社が代わると、居住者へのサービス提供がされなくなったり質が低下するという不安があるかもしれませんが、大抵の場合はいままでのサービス提供を受けることができるようです。受けられるサービス内容については若干の変更はあるかもしれませんが、大手事業者に運営会社が変更になって、逆にサービスが良くなるということもあるようです。ホームを選ぶにあたっては、過去に経営者が変更になっているのかも含めて調査をしておいてもいいかもしれません。

現実には、運営会社が健全かどうかを判断するのは非常に難しいですが、その会社の財務諸表くらいは入手できると思います。一般の人がそこから経営状況を判断するのは難しいですが、専門家の知恵を借りてなるべく自分で調べてみることも必要です。他の目安としては、空室状況を確認することが挙げられます。一般的に有料老人ホームの損益分岐点は、入居率7～8割と言われています。ホームの規模や立地環境にもよりますが、開設して3年以上たっているのに入居率が7～8割以下のようなホームは、その理由を確認したほうがよいかもしれません。施設を見学した際やホーム入居を決める前には、契約のときに必要となる重要事項説明書などと共に、事業者の決算書や事業収支計画の閲覧を申し出てみるとよいでしょう。

Q032 子どもに入居を反対されました。でも私は子どもに介護で迷惑をかけたくないので、入居を決意しています。どうしたらよいでしょうか?

Ⓐ **お子さんが反対されているならば、その理由を含めてじっくりと話しあうことです。健康なときは問題なくても、これから先は、健康面でも老いが進行していきます。重度の介護が必要になったときには、新たな住まい方も検討する必要もあるかもしれません。ご家族の心配や負担を和らげる意味でも、将来の心身状態の変化を含め、じっくりと話し合って、ご家族の合意を得た上でのホームへの入居をおすすめします。**

有料老人ホームやサービス付き高齢者向け住宅も増え、新しい生活の拠点として入居を考える高齢者が増加しています。こうした中にあって、新たな住まいで日常の家事から解放されて趣味や好きなことをしてゆったりと過ごしたいと考える人も多くなったようです。そして、「子どもの世話にはなりたくない」「子どもには頼らない」という想いの高齢者も増えているようです。

互いに無理をせず、自分らしく自由に生きるには、有料老人ホームへの入居も選択肢の一つです。最近はホームの多様化もすすみ、アメニティを充実させるなどして、豊かな生活ができるように工夫されたところも増えているようです。本人が活動的に過ごしているホームでは、家族や友人が訪ねてくる回数も多いようです。互いに気兼ねない環境だから、訪ねて来やすいのかもしれません。

お子さんが反対されているといいますが、なぜ反対しているのか、その理由をまずは聴いてみることが大切です。「親戚からなんと言われるか、わからない」「親の老後は子どもが看るもの」という世間体を気にして反対する人もいれば、自宅を処分して有料老人ホームへの住み替えを検討している場合には、反対する場合も多いようです。まだまだ、一般的には「有料老人ホーム」に対するイメージもあまり良くありません。有料老人ホームに入居すること自体が「家族崩壊だ」ととらえる人もいます。

一方で、共働きが増える中で、子世代が仕事と育児と介護の両立が困難な場合もあります。特に介護はその症状も様々で、専門的な知識や人手が必要となります。

このような状況の中で、「子どもの世話になりたくない」と思うのも無理はないのかもしれません。「面倒をかける・苦労をさせたくない」と思うのは、親の子への愛情でもありますが、実際のところ「子どもに気を遣って束縛されたくない」と言うのが本音であったりもします。息子の嫁や娘婿に気を遣い、小遣いを与えられるだけの生活に嫌気がさす場合もあります。

いずれにせよ、入居にあたっては、人生設計の良い機会と捉え、家族とじっくりと話し合う必要があります。

健康なうちは考えもしっかりとしていて自分のことは自分でできますが、年齢を重ねるに従って、簡単にできた動作がだんだん緩慢になってきて、最終的にはできなくなります。そのようになった時のことを考えておくことも大切です。老後のための預貯金や年金で、どこまでホームの費用や月々の料金をまかなえるのか、子どもたちが親の老後をどう考えているのか、住み慣れた家での生活がどこまで可能なのかが問題になってきます。

「子どもに迷惑かけたくない、自分たちの老後は自分たちで」という自立した意識は、尊いものですが、老いと共に理想どおりには行かない場合もあります。認知症などの発症があれば周囲の方々の心配は多大なものになります。「いつかは、だれかの世話になることもある。でも可能な限り自立した生活をする」。このような考えで、将来の費用面も含めてしっかりと周囲の人に伝え、有料老人ホームを選択することをおすすめします。

第4章

介護が必要になったときの住まい方・暮らし方がわかる

Q033 介護保険のしくみや手続きについて教えてください。また、相談したいときはどこに行けばいいのですか？

Ⓐ **介護保険は、40歳以上の国民から介護保険料を徴収し、介護を必要とする人や家族を社会的に支えていくしくみです。介護認定を受けて要介護度が決定して、ケアプランを作成すると、介護サービスを受けることができます。**

ほとんどの人は、介護保険という制度があるということをご存じだと思います。高齢になって体が不自由になったり病気になったりしたときに、介護や生活サポートをしてくれる公的な制度です。しかし内容をきちんと理解している人は、案外少ないかもしれません。ここでは「難しい」「わかりにくい」と言われがちな介護保険制度について説明していきます。

介護保険制度は、介護が必要な人やその家族を社会全体で支えていく、つまり「介護の社会化」のためのしくみで、２０００年に導入されました。それ以前は、介護のほとんどは家族が担ってきました。ところが核家族化が進み、人口に占める高齢者の割合が高まったことにより、家族だけで介護を担うのはむずかしくなり、新しいしくみが必要となったのです。

また、医療費は年々、増加し続けていましたが、その中で「社会的入院」が問題となっていました。社会的入院とは、医学的に必要だからというよりも、家族が介護を行なえないなどの理由によって入院することです。それを医療から分離させる目的もありました。

介護保険の被保険者（保険に加入し給付を受ける権利がある人）となるのは、65歳以上のすべての人と、40～64歳の医療保険に加入している人です。このうち65歳以上の人を第1号被保険者、40歳～64歳の人を第2号被保険者といいます。第1号被保険者の人は、要支援状態または要介護状態であれば、介護保険サービスを利用することができます。一方、第2号被保険者が介護保険サービスを利用できるのは、特定疾患により介護や生活支援が必要になった場合に限定されています。特定疾患とは、末期がん、関節リウマチ、若年認知症など全部で16種類です。

介護保険料については、第1号被保険者と第2号被保険者から徴収することになっています。このうち65歳以上である第1号被保険者の保険料は、おもに年金から天引きされます。介護保険料の金額は市区町村によって異なり、また収入額によっても異なります。介護保険料は3年ごとに見直しが行なわれるのですが、毎回値上がり傾向にあります。厚労省によると、２０１２年度から２０１４年度の介護保険料の全国平均は月額４９７２円です。

第2号被保険者の介護保険料については、それぞれが加入している医療保険の一部として徴収されます。会社員や公務員でしたら、給料からの天引きとなります。

次に、介護サービスを利用するまでの流れをみていきましょう。

65歳の誕生日を迎えると、自分が住んでいる市区町村から「介護保険証」が送られてくることになっています。しかしそれだけでは、まだ介護サービスを受けられません。要介護認定というものを行なって、要介護度を判定してもらう必要があるのです。市区町村の窓口に行って要介護認定の申込みを行なうと、後日、訪問調査員による聞き取り調査が行なわれます。調査では、心身の状態や日常生活の様子など、全部で74項目の質問に答えていきます。そのほかに特記事項として、家族の介護の手間などを記載してもらうことも可能です。この調査項目をコンピュータで処理し、一次判定が出ます。一時判定の結果と、かかりつけ医の意見書をもとに、複数の専門家による介護認定審査会が開かれて二次判定が行なわれます。それにより要介護度が決定するのです。

要介護度は、軽いものから順に要支援1・2、要介護1～5の7段階があります。どれにも当てはまらない人は、非該当（自立）となります。目安としては、要支援1は生活機能の一部がやや低下している状態です。要介護1は排泄や入浴などに一部介助が必要な状態、要介護3は自力での立ち上がりや歩行が困難で排泄や入浴、衣服の着脱全般に介助が必要な状態です。そして要介護5になると、ほぼ寝たきりで日常生活について全面的な介助が必要な状態になります。

介護認定の申請をしてから判定が出るまでには、1カ月ほどかかることが多いです。日常生活や健康に不安を感じたら、早めに申請するとよいでしょう。判定結果は原則として、新規の認定は半年間有効、2回目以降の認定は1年間有効です。自動更新ではないので、有効期間の終了前に更新申請を行なうようにします。また、Q34にもありますが、要介護度が現状と合っていないと感じたら、いつでも申請して再判定を受けることができます。

要介護度が決定しても、すぐに介護サービスを利用できるわけではありません。自宅で介護サービス（居宅サービス）を受けたい場合は、適切なサービスが受けられるよう、居宅サービスの計画書であるケアプランを作る必要があるのです。

要介護1～5の人が介護サービスを利用したいときには、介護支援事業所に依頼して、ケアマネジャーという専門職の人にケアプランを作ってもらいます。ケアプランとは、どんな介護サービスをどの介護事業者に依頼し、どれくらいの頻度で受けるかという計画書のことです。ケアマネジャーは本人や家族と相談しながら作っていきます。ケアプランの作成には費用はかかりません。できあがったケアプランをもとに介護事業者と契約すれば、いよいよ訪問介護や訪問看護などの居宅サービスが利用できるようになるのです。

なお要支援1～2の人が介護を受けたいときには、ケアプランの作成は地域包括支援センターが担当します。またQ37にもありますが、要介護、要支援を問わず、ケアプランは自分で作成することも可能です。介護サービスの具体的な内容についてはQ35で説明します。

介護保険を使って居宅サービスを利用するときの費用ですが、利用者の自己負担額は1割です。残りの9割は介護保険でまかなわれます。ただし1割負担で好きなだけサービスが利用できるということではありません。1カ月に使える居宅サービスの利用額の上限（支給限度額）が、要介護度ごとに決まっているのです。その額を超えて利用した場合、超えた部分については、全額（10割）が自己負担になります。ほかにデイサービスの食事代なども自己負担になります。

介護保険サービスについて、詳しい説明を聞きたいときや相談したいときには、お住まいの市区町村の介護保険窓口や、地域包括支援センターなどに問い合わせるとよいでしょう。現在、介護サービスを受けていて、その内容や担当者の言動などに問題があると感じたときは、サービスを提供する介護事業者に連絡して、改善してもらえるよう伝えるとよいでしょう。あるいは、ケアマネジャーや市区町村の介護保険窓口、地域包括支援センターに相談する方法もあります。各都道府県の国民健康保険団体連合会にも苦情相談窓口があり、電話相談も受け付けています。

介護保険制度は2015年4月に改正があります。主なものは次の5つです。

1. 要支援者の訪問介護、デイサービス利用を市区町村の総合事業へ移行する。
2. 特別養護老人ホームへの入居は、要介護3以上とする。
3. 一定以上の所得のある人の介護サービス利用料を2割へ引き上げる。
4. 小規模デイサービスは地域密着型へ移行する。
5. サ付き住宅を住所地特例の対象にする。

そのほかにも、専門家に対する改定内容があります。

Q034 認定された要介護度に納得できないのですが、どうすればいいですか？ケアマネジャーと意見が合わなかったら、変えてもらえるのですか？

Ⓐ **まずは市区町村の窓口に行き、なぜその介護度になったのか、理由を説明してもらいましょう。変更の申請をすれば、再度介護認定をしてもらえます。ケアマネジャーを変更することは可能です。**

要介護認定が行なわれて要介護度が決定したときに、「実際よりも低い要介護度に認定された」と感じることがあるかもしれません。要介護度の決定は、初対面の訪問調査員が聞き取り調査を行なう一次判定と、本人と面識のない数人の専門家で構成する介護認定審査会での二次判定を経て行なわれます。本人や家族にとって、必ずしも実情に即した判定だとは思えないことがあるようです。

認定結果に疑問を感じたときには、市区町村の担当窓口に問い合わせをして、なぜそのような結果になったのか説明を受けるとよいでしょう。それでも納得できないときには、認定結果通知を受け取ってから60日以内に、各都道府県に設置されている介護保険審査会に審査請求をすることができます。一般に裁決がおりるまでには、3カ月ほどかかるといわれています。

要介護認定には有効期限があり、初回の認定は6カ月間有効、2回目以降の認定は1年間有効ですが、有効期限内であっても現状と要介護度がそぐわないと感じたら、いつでも変更の申請をして再審査を受けることができます。ただし再度判定が行なわれた結果、元の要介護度と同じになったり、逆にもっと軽い要介護度となることもあるようです。

次にケアマネジャーについてですが、居宅サービスを利用するうえで、ケアマネジャーは非常に重要な存在です。常に利用者の立場に立って考え、利用者の話にきちんと耳を傾けてくれる人が望ましいといえます。介護サービスについての幅広い知識をもち、対応が早く、誠実な人が理想といえます。そのようなケアマネジャーに巡り合えればいいのですが、相手によっては、どうしても信頼関係を築くことが難しいと感じることがあるかもしれません。そのときには、ケアマネジャーを変更することは可能です。

変更したい旨をケアマネジャー本人に直接伝えるのは、気まずいこともあると思います。その場合は、ケアマネジャーが所属している事業所に相談し、別のケアマネジャーに来てもらうようにするとよいでしょう。

あるいは、事業所ごと別のところに変えることもできます。その場合は新しい事業所を探す必要があります。市区町村の介護保険窓口や地域包括支援センターに相談したり、インターネット検索や口コミの評判などを参考にして探すといいかもしれません。ほかの居宅サービスを利用している知人などから、居宅介護支援事務所やケアマネジャーなどを紹介してもらうのも一つの方法です。変更のタイミングは、請求書の区切りの時期に合わせて行なうと、スムーズに移行できることが多いようです。

なお、ケアマネジャーが変わっても、現在利用している居宅サービスのほうは、そのまま利用を継続することが可能なこともあります。確認してみましょう。

Q035 介護保険で使えるサービスは？

Ⓐ **要介護1～5までの人が受けられる「介護サービス」と、要支援1・2の人が受けられる「介護予防サービス」があります。**

Q33では、介護保険のしくみやサービスを利用するまでの手続きについて説明しました。ここでは、実際に受けられる主なサービスについて具体的にみていきます。

まず要介護1～5までの人が受ける「介護サービス」ですが、大きく分けて「1．ケアプラン作成」「2．居宅サービス」「3．地域密着型サービス」「4．施設サービス」があります。

1 ケアプラン作成（居宅介護支援）

居宅介護支援事業所のケアマネジャーが、利用者や家族の希望を聞きながら、個々の利用者に適したケアプランという介護サービスの計画書を作成します。ケアマネジャーは、利用者からの相談にのったり、介護サービス事業者への連絡や調整も行ないます。

2 居宅サービス

ケアプランに基づき、自宅などに住みながら介護保険を利用する人が受けられるサービスです。以下のAからDがあります。

A　訪問サービス

・訪問介護＝ホームヘルパーが食事や排泄などの身体介護や、洗濯・調理などの生活援助を行なう。
・訪問看護＝医師の指示のもとで、看護師などが療養の世話や必要な診療の補助などを行なう。
・訪問入浴介護＝寝たきりの人などのために、簡易浴槽を家に持ち込んで入浴の介助を行なう。
・訪問リハビリテーション＝理学療法士や作業療法士などが家に来てリハビリを行なう。
・居宅療養管理指導＝通院が困難な人に、医師、薬剤師などが療養上の管理や助言などを行なう。

B　通所サービス

・デイサービス（通所介護）＝送迎バスなどで施設に通い、日常生活の介護や機能回復訓練を受けたり、リクリエーションに参加したりする。
・デイケア（通所リハビリテーション）＝送迎バスなどで老健（介護老人保健施設）等に通い、理学療法士や作業療法士などによるリハビリを受ける。
・ショートステイ（短期入所生活介護、短期入所療養介護）＝施設に短期間（最長30日）入所して、日常生活の介護やリハビリ、看護などを受ける。

C　福祉用具レンタル・購入補助・住宅改修

・福祉用具レンタル＝介護用ベッドや車いす、手すり、スロープ、歩行補助杖などのレンタル。ただし要介護度によっては介護保険の対象とならない用具もあり。
・福祉用具の購入補助＝腰かけ便座や簡易浴槽などレンタルになじまないものを指定業者から購入

した場合、1年間に10万円以内の購入について自己負担額が1割に。

・住宅改修＝手すりの設置、段差の解消など20万円以内の工事費の自己負担額が1割に。

D　**特定施設入居者生活介護**

都道府県から指定を受けた有料老人ホーム、サービス付き高齢者向け住宅（サ付き住宅）、ケアハウスなどに入居している人が、その住宅や施設のスタッフから受けるサービス。計画に基づいて行なわれる入浴や食事などの介護や、洗濯・掃除など日常生活のサービスのこと。

3 地域密着型サービス

地域に密着した、利用者にとってなじみのある事業所が幅広いサービスを提供するしくみです。利用できるのは、その市区町村に住民票がある介護保険の被保険者です。

A　**小規模多機能型居宅介護**

同じ事業所が毎月定額の利用料で、デイサービスや訪問介護、ショートステイなどを臨機応変に組み合わせて提供。

B　**夜間対応型訪問介護**

ホームヘルパーが夜間に家に来て介護を行なう。定期巡回と随時対応がある。

C　**定期巡回・随時対応型訪問介護看護**

毎月定額の利用料で、定期的あるいは緊急時の訪問介護や訪問看護を行なう。

D　グループホーム（認知症対応型共同生活介護）

要支援2以上で、かつ認知症の人が、5～9人のグループで、ヘルパーと共に共同生活を送る。家庭的な雰囲気の中で介護を受けて生活する。

4 施設サービス

自宅ではなく施設に入所して、施設のスタッフから介護や看護、リハビリなどのサービスを受けます。月額利用料は、要介護度や部屋のタイプ、本人や世帯の収入によって異なります。

A　介護老人福祉施設

特別養護老人ホーム（特養）のこと。常に介護が必要で、自宅での生活が困難な人の生活介護を行なう。2015年度からは要介護3以上が入所の条件となる予定。

B　介護老人保健施設（老健）

病院から自宅へ戻るための中間的施設。リハビリなどの医療ケアと介護を行なう。入所期間が最長6カ月程度に限定される。

C　介護療養型医療施設（療養病床）

長期療養が必要な人に医療、看護、介護などを行なう。

次に、要支援1・2の人が受けられる「介護予防サービス」ですが、基本的には「介護サービス」と同じです。異なるのは、要支援者のケアプランの作成は、居宅介護支援事業所ではなく地域包括支援センターが行なうことです。また、要支援の人は地域密着型サービスの夜間対応型訪問介護、定期巡回・随時対応型訪問介護看護などが利用できず、施設サービスである特養・老健・療養病床にも入所できません。グループホームも入所できるのは要支援2以上の人です。福祉用具のレンタルも、要支援の人は車いすや介護用ベッドなど、利用できないものがあります。

２０１５年度からは、要支援者への訪問介護とデイサービスは、介護保険の給付から市区町村の事業に移行することになりました。

Q036 介護費用に上限はあるのですか？

A 要介護度ごとに、1カ月の利用額の上限（支給限度額）が決まっています。それを超えると全額自己負担になります。

介護保険でサービスを利用するときに、どのくらい費用がかかるか気になると思います。各サービスは要介護度ごとに利用料が決まっていて、その1割が利用者の自己負担額となります。

たとえば、神奈川県横浜市の2014年度の利用料でみていきます。訪問介護での身体介護は、要介護1～5の人の1回あたりの自己負担額が、20分未満で186円、60分以上90分未満で637円です。デイサービス1日あたりの自己負担額は、要介護1の人は733円、要介護5の人は1262円となっています。

ただし利用者は、1割の自己負担で介護サービスをいくらでも使えるわけではありません。要介護度ごとに、1カ月の総利用額の上限である「支給限度額」が決まっています。その額を超えた部分については、1割負担ではなく10割全部が自己負担になるのです。

たとえば、要介護1なら1カ月の支給限度額（1割負担）は1万6692円ですが、支給限度額を超えて介護サービスを利用した場合、超えた分は全額自己負担となります。要介護5になると全面的な介護が必要なため、支給限度額（1割負担）は3万6065円ですが、支給限度額を超えて介護サービスを利用したときには、やはり超えた部分は全額自己負担なのです。

なお、介護サービスの利用料や支給限度額は、自治体によっては金額が異なることがあります。
また、デイサービスの食事代など、別途、全額自己負担となるものもあります。

介護サービスの１カ月の支給限度額

要介護度		支給限度額（自己負担分）
要支援	1	5003円
	2	1万473円
要介護度	1	1万6692円
	2	1万9616円
	3	2万6931円
	4	3万806円
	5	3万6065円

※自治体によって、金額が異なることがあります。
※厚生労働省のウェブサイトより作成。

Q037 ケアプランは自分で作れるって本当ですか？　介護保険を使った場合のケアプランは具体的にどうすればいいですか？

Ⓐ ケアプランは介護を受ける本人が作ったり、家族が本人と一緒に作ることができます。本人の意向を反映しやすく、満足度も高いようです。その場合ケアマネジャーを介さずに、介護サービス事業者と直接やりとりをします。

介護保険の介護サービスを利用するときには、計画書であるケアプランを作る必要があります。ケアプランの作成は、居宅介護支援事業所のケアマネジャーという専門職の人に依頼するのが一般的になっています。

しかし、あまり知られていないのですが、もう一つのやり方として、自分でケアプランを作成する方法もあるのです。「素人が作るのは、難しいのではないか」と思う人がいるかもしれませんが、自分でケアプランを作ることにはメリットがあります。ここでは、二つの方法の違いと、自分でケアプランを作るメリットや手順などについて説明していきます。

ケアプランとは、介護を必要としている人が快適で自立的な生活を送るために、「どの介護サービス事業者からどのようなサービスを、どのくらいの頻度で利用するか」という計画書です。ケアマネジャーはプロですので、介護サービスの種類や、地域にはどんな事業所があるのかということ、給付の金額などについてもよく知っていて、手際よくケアプランを作成するかもしれません。また、ケアマネジャーにケアプランの作成を頼んだとしても、自己負担額はゼロ。反対に自分で作成すると、手間がかかる上に報酬がもらえるわけではないため、「ケアマネジャーに頼んだほうが楽だ」と思う人もいるでしょう。

本人や家族がケアプランを作ることのメリットは、介護に対して本人や家族が、受け身ではなく主体的に取り組めるようになることです。ケアマネジャーが作るにしても、自分で作るにしても、ケアプランを作る目的は、自分がどのように暮らしていきたいのかを考え、そのための方法を選択することです。自分で作ったほうが、その目的がより明確になるといえます。ケアプランを作っていくうちに、介護保険制度についての知識が深まり、介護や地域の情報などに精通するようになるのもメリットでしょう。

ケアプランをケアマネジャーが作るのと本人や家族が作るのとでは、異なる点があります。それはサービス事業者とのやりとりの方法です。ケアプランをケアマネジャーが作ったときには、変更や見直しなどを行なうときにはケアマネジャーに伝え、ケアマネジャーがサービス事業所との連絡や調整を行ないます。ときにはケアマネジャーと連絡がつきにくく、変更に時間がかかることもあるようです。

一方、ケアプランを自分で作成した場合は、サービス事業者との間にケアマネジャーを介さず、直接のやりとりとなります。自分の思いをダイレクトにサービス事業者に伝えることができるといえます。急な変更等も自分でサービス事業者に連絡をとるので、比較的スムーズにできるようです。

次に、自分でケアプランを作る具体的な手順をみていきましょう。

まずは自治体の窓口に行き、自己作成の届け出をすることが必要です。その後、自分でケアプランの内容を決めていきます。パソコンから無料でダウンロードできるケアプランのフォーマットもありますので、利用してもよいでしょう。ケアプランができたら、利用したいサービス事業者に自分で連絡して利用予約を行ないます。予約完了後、できあがったケアプランを自治体の窓口に提出して確認印をもらえば、サービスの利用を開始できます。

介護サービスを利用すると、1カ月単位でサービス事業者から利用実績票が送られてくるので、間違いがないか確認したのち、自治体に実績報告として提出します。同時に翌月のケアプランの作成も行ないます。これを毎月繰り返していくのです。

自分でケアプランを作るときのポイントは二つあります。

1つ目は、利用限度額内だからといってあれもこれもと欲張らず、はじめは最小限のどうしても必要なサービスだけに絞ること。介護サービスに振り回される生活ではなく、生活の中にうまく介護サービスを取り入れるようにすることが大切です。サービスが足りなければ、少しずつ増やしていけばいいのです。

二つ目のポイントは、ケアプランは作ってそのままにせず、どんどんバージョンアップさせていくことです。周囲の人の意見を取り入れたり、機会があれば、適切なプランかどうかを専門家に見てもらい、客観的なアドバイスを受けるとよいでしょう。

自分でケアプランを作ろうという人たちの集まりである、「全国マイケアプラン・ネットワーク」という団体があります。ホームページもありますので、興味のある人はインターネットで検索してみるとよいでしょう。自分で作るケアプランについての講演会なども行なわれているようです。

Q038 介護が必要になっても住み続けられる住まいとしては、どういうものがあるのですか？

A 元気なうちに入居して、ずっと住み続けられる住まいとしては、有料老人ホーム（介護付、住宅型）、サービス付き高齢者向け住宅などがあります。

元気なうちに終いの住みかを探す人が増えていますが、介護が必要になっても住み続けられるかどうかは、とても重要だといえます。せっかく住み替えをしたのに、介護が受けられず、再び住み替えをしなければならないという事態は避けたいものです。

住み替えの候補としては、有料老人ホームがあります。有料老人ホームには「介護付」と「住宅型」があり、「介護付」の場合は、要介護3ぐらいになると、一般居室から介護居室に住み替えて、最期まで看取るしくみが多いです。住宅型は介護がついていないので、介護サービスを受けたい場合は、外部の介護サービス事業者と契約する必要があります。ほとんどの「住宅型」には、同建物内にケアプランセンターや訪問介護事業所が併設されています。重介護になった場合は、敷地内に小規模多機能型居宅介護事業所があると、訪問介護や訪問看護、デイサービスなどを組み合わせて利用でき、安心感が高まります。また同様に、敷地内に認知症の人のグループホームがあると、もし認知症になったときにも心強いでしょう。

例をあげると、東京都多摩市にある住宅型有料老人ホーム「ゆいま～る聖ケ丘」では、建物1階に「あい小規模多機能施設かりん」が入っています。小規模多機能型居宅介護事業所ですので、デイサービスを中心として、一人ひとりの状況に合わせて訪問介護や泊まりなどを組み合わせることができます。ゆいま～る聖ケ丘の入居者の人だけでなく、地域の人も利用しています。また、同じく建物の1階には「あいグループホームどんぐり」もあり、認知症の人が家庭的な雰囲気の中で少人数で共同生活を送っています。

他に住み替え候補としては、サ付き住宅もあります。こちらも同じ建物や敷地内に小規模多機能型居宅介護事業所やグループホームがあると、重度の認知症になってもずっと住み続けることができます。たとえば、兵庫県神戸市にあるサ付き住宅「ゆいま～る伊川谷」では、同じ建物の1階に小規模多機能型居宅介護事業所である「小規模多機能　花菜」があります。「ゆいま～る伊川谷」に住む要介護の人は、軽介護のときは建物の1階にある訪問介護事業所を利用し、万が一要介護度が重くなっても、「小規模多機能　花菜」に登録すれば、自宅に住み続けることも可能です。

Q039 私は70歳で、最近、要介護1から要介護3となりました。ひとりでは不安なので、住み替えしたいのですが…

A 住み替え先としては、有料老人ホーム（「介護付」「住宅型」）やサービス付き高齢者向け住宅、特養などがあります。

要介護3になると、身体状態の目安としては、立ち上がりや歩行が1人ではできず、排泄や入浴、衣服の着脱などに全面的な介助が必要な状態だといわれています。要介護3での在宅一人暮らしは、介護サービスを利用したとしても、かなり大変なのではないかと考えられます。

住み替え先としては、有料老人ホーム（介護付、住宅型）やサ付き住宅などがあげられます。要介護3では、特別養護老人ホーム（特養）への入所も視野に入れることができますが、待機者が多いので、長期間待たなければならないこともあります。

住み替え後の介護サービスは、特定施設入居者生活介護がついている住まいなら、毎月定額で介護サービスを受けられます。そうでないときには、外部の介護サービス事業者と契約して、居宅サービスや小規模多機能型居宅介護などを受けて生活するようになるでしょう。

要介護3の方で、有料老人ホームに入居する場合は、「一般居室」ではなく、18㎡前後の「介護居室」への入居になります。サービス付き高齢者向け住宅なら、もう少し広い25㎡ほどの部屋を選択できることもあります。その場合、たいていミニキッチン、浴室、トイレ、洗面所などがついていますが、イメージとしては学生向けワンルームマンションのような部屋となります。入居の際は、自宅を残しておくなら別ですが、家財をほとんど処分して移ることになると思われます。

介護居室の建物や設備などのハード面、スタッフの数や日々の介護内容などのソフト面は、基本的に費用と比例します。入居一時金や月額費用としてどのくらい支払えるのかを計算し、その中から希望の条件に沿った住宅か施設を選択することになるでしょう。

Q040 要介護5の親を介護しています。日々の介護に疲れて共倒れしそうです。どうしたらよいでしょうか？

Ⓐ 家族間で役割分担を話し合ってみましょう。地域包括支援センターなどに相談したり、ショートステイなどを利用して介護者が養生することも大切です。

介護が必要な人がいると、家族には大変な負担がかかることが多いようです。なかでも、介護の中心となる人は体調を崩しやすいもの。介護者が元気でないと、よい介護はできません。「共倒れ」にならないためには、一人にばかり負担が集中しないよう、家族で役割分担することが大切だといえます。時には介護保険のショートステイを利用して、介護する人が休息をとれるようにするとよいでしょう。同居していない家族がいて、直接、介護にかかわることができないのであれば、金銭的な支援を頼むことを検討してもよいと思われます。

また一人で悩まずに、地域包括支援センターや

市区町村の介護窓口などで相談するとよいでしょう。自分が置かれている状況を話し、どんなケアを受けられるのか相談してみるのです。いろいろな情報が得られると思いますので、自分に合ったものを選んではどうでしょうか。

たとえば、行政やNPOなどで「介護者の会」「家族会」等を行なっているところがあります。孤立しがちな介護者同士が、日頃の介護の悩みや体験などを語り合って共感したり、情報交換をしたりして、安心感やつながりをもつことを目指しています。参加してみると介護のストレスを軽減できることもあります。介護者が心身を休めたり、自分の時間をもってリフレッシュすることは、介護を続けていくために必要なことだといえます。

一般に、要介護3ぐらいが自宅で介護するか、介護付の住宅や施設に入居するかの分岐点だといわれています。自宅での介護が大変だと感じているようでしたら、介護施設への入居を考えてもいいのかもしれません。

Q 041 一人暮らしで要介護2と認定されました。介護保険だけでやっていけるでしょうか？

Ⓐ 要介護2の場合、主に介護保険で事足りると思われますが、認知症が重い人の場合は、それだけでは足りないことがあるかもしれません。

要介護2とは、軽度の介護を必要とする状態。立ち上がったり歩いたりするときに、何らかの支えが必要となる人もいるようです。食事や入浴、排泄の一部または全部に介助が必要となってきます。部屋の掃除や身だしなみを整える際にも、何らかの介助や見守りが必要なこともあるようです。このような状態でも介護サービスをうまく利用しながら、一人暮らしを続けている人はたくさんいます。

介護保険制度で居宅介護サービスを利用する場合、要介護度2では支給限度額が1万9616円（自治体によっては異なる場合あり）です。訪問介護や訪問看護、デイサービスなどを組み合わせても、支給限度額内でほぼ収まるのではないかと考えられます。ただし要介護2でも認知症の症状が重い人もいるでしょう。その場合は全額自己負担で上乗せサービスを依頼したり、民間の有料サービスを利用することも、選択肢に入れましょう。身体介護以外の部分をボランティアの人に支援してもらう方法もあります。

介護サービス費のほかに、月々の生活費として食費、光熱費、雑費などがかかります。年金収入や貯金なども考慮しながら生活設計を立てるとよいでしょう。

Q042 介護保険以外のサービスが必要になったとき、どうやって探せばいいのですか?

Ⓐ 地域包括支援センターや市区町村の窓口に相談するとよいでしょう。自治体独自でサービスを行なっていたり、社会福祉協議会や訪問介護事業所、民間企業などでも行なわれていることがあるようです。

介護保険には様々な介護サービスがあります。しかし実際に介護を受けていたり、家族を介護していたりすると、介護保険では対応していないサービスが必要となる場面が出てくることもあると思われます。

そのような介護保険外のサービスを探したいときには、地域包括支援センターや市区町村の窓口に相談するとよいでしょう。社会福祉協議会や民間の企業などが行なっているサービスの情報が得られることがあります。自治体でも独自に介護保険外のサービスを行なっていることがあります。自治体の広報紙などにお知らせが載っている場合もありますので、日頃から目を通しておくようにするといいかもしれません。

また、訪問介護事業所でも介護保険外の有料サービスを提供していることがあります。問い合わせてみるとよいでしょう。

実際のところ、介護保険以外のサービスでもっとも要望が多いのは、付き添いだといわれています。日常生活における買い物や通院などの付き添いを頼みたい場合もあれば、特別な日の外出、たとえばお墓参りや音楽会、デパートへの買い物、孫の結婚式などのときに付き添いを頼みたい場合もあるようです。

ほかには、家の中の掃除、家族の食事の支度などの家事代行サービスに対するニーズもかなり多いようです。

一方、普段は自立した生活を送っていて要介護認定を受けていない人は、介護保険による介護サービスを利用できません。ところが「病院で手術を受けて退院後、家での生活に戻る前に少し療養をしたい」というような場合もあります。要介護認定を受けていないので介護保険は使えないけれど、介護保険のショートステイのような、ケアサービス付きのところに宿泊を希望するケースが少なからずあるようです。

そのようなニーズに対して、有料老人ホームなどで有料ショートステイを行なっているところがあります。先ほどの退院後の療養のほか、病気やケガが治るまで宿泊してサポートを受けたい、同居する家族が不在の間滞在したい、などという要望に応じられるようになっています。なかには、病院ではない場所で最期を迎えたいと希望して、人生の最期の数日間を過ごす人もいるそうです。

いざというときになって慌てないように、普段から様々なサービスの情報を集めておくことをおすすめします。

Q043 介護認定を受けていない親が急に倒れて介護が必要になりました。どうすればいいでしょうか？

A 介護保険の介護サービスを利用するには要介護認定が必要です。まずは地域包括支援センターに相談するとよいでしょう。

歳をとってくると、突然、具合が悪くなったりケガをしたりして、日常生活が困難になることは珍しいことではありません。そのときになって、急に介護が必要になることもありますが、要介護認定を受けていないと、介護保険による介護サービスを利用することはできないのです。

まず、親が住む地域の地域包括支援センターに事情を話して、どうすればいいか相談するとよいでしょう。介護保険のしくみや利用方法を理解でき、緊急時の対応と、長期的な対応などが分かってくると思います。親が65歳以上で要介護認定を受けて要介護度が決まれば、介護サービスを受けることができます。

要介護認定を受けるためには、市町村の窓口に申し込みをする必要があります。倒れた本人が出向くことは難しいでしょうし、家族が遠い場所に住んでいると、窓口に行く時間が取れないこともあると思います。申し込みについては地域包括支援センターで代行を行なっていますので、依頼してもよいでしょう。

要介護認定が行なわれて要介護度が決定し、要介護1以上でしたら、介護保険による介護サービスを利用することが可能です。ケアマネジャーに依頼してケアプランを作成すれば、訪問介護や訪問看護などの介護サービスが開始されます。

要介護度が決定して、もし要支援だった場合は、地域包括支援センターにケアプランの作成を依頼し、介護予防サービスを受けることができます。非該当（自立）なら、介護保険による介護サービスは受けられませんが、地域包括支援センターに相談すれば、自治体や民間で行なわれている介護サービスの情報が得られでしょう。

一人暮らしをしていて自宅で倒れたAさんの例を紹介します。

Aさんは家の中で転倒して大腿骨を骨折。救急車で病院に運ばれて入院となりました。それまで要介護認定を受けていませんでした。Aさんには娘さんがいるのですが、遠方に住んでいて、退院後にAさんと同居したり、介護に通うことはできない状況にありました。そこで、病院内の地域連携室と、Aさんの住む地域の地域包括支援センターが連携して、サポートを行ないました。Aさんは入院中に要介護認定を受けて要介護2となり、病院を退院後は、しばらく老健に入所し、回復してから自宅に帰りました。その後は自宅で介護保険による訪問介護などの介護サービスを利用しながら、一人暮らしを続けています。

親と離れて暮らしている場合や、同居していても自宅で介護することが難しいこともあるかと思います。そのときには、有料老人ホームやサービス付き高齢者向け住宅などに入居するという選択肢もあります。要介護3以上になれば、特別養護老人ホームに申し込んでおくこともできます。

Q044 最近、物忘れがひどくなり、認知症の不安を抱えています。認知症になっても安心して暮らせる住まいはありますか？

Ⓐ 認知症高齢者グループホームがあります。重度になれば特養への入居も可能です。有料老人ホームやサ付き住宅でも認知症に対応しているところがあります。

認知症は誰にとっても他人事とはいえなくなってきています。厚労省によると、２０１２年時点で、65歳以上の高齢者のうち15％にあたる４６２万人が、認知症だと推計されています。人はみな歳をとるにつれて物忘れが増えるものですが、認知症かもしれないと不安に思う人は多いようです。

認知症の症状は様々ですが、代表的な症状としては、ひどい物忘れ、徘徊、失禁、強いこだわり、自分のものを盗まれたと考える、などがあります。介護をする家族は症状が理解できず、状況に振り回されて疲れきってしまうことが非常に多いです。そのため家で介護しきれず、施設などを探す人が増えています。

認知症の方を対象とした住まいに、グループホーム（認知症対応型共同生活介護）があります。グループホームは介護保険の地域密着型サービスの一種。その自治体に住民票があり、要支援２以上の人が入所できます。認知症の人5～9人を1ユニットとし、２ユニットまでの小規模で家庭的な雰囲気の中で共同生活をしているところが多いです。必要な介護を受けながら、スタッフと共に食事の支度などを行ないます。心身の状況を穏やかに保ち、認知症の進行がなるべく穏やかになるよう自立した生活をしていきます。グループホームは、全国的に整備が進んできていますが、地域によっては空きがなく、申し込んでもすぐに入所できないこともあります。

そのほかに認知症の人の住み替え先としては介護老人福祉施設（特別養護老人ホーム＝特養）があります。看取りまで行なっているのですが、待機者が全国で52万人にのぼるといわれていて、数年間も待たなくてはならないこともあるようです。２０１５年度からは、対象が要介護3以上の人になる予定です。有料老人ホームやサ付き住宅でも、要介護者向けであればほとんどのところが認知症に対応しています。

希望する施設の空き待ちをしている間は、小規模多機能型居宅介護やデイサービスを利用する方法もあります。近くに認知症の人向けのデイサービスである認知症対応型通所介護があれば、利用するのもよいでしょう。

自分や家族が認知症になったとき、ほかの人に知られたくないと考えるかもしれませんが、地域の人たちに認知症だとオープンにすることは、大切なことだと思われます。そうすれば、近所を徘徊していても家族に知らせてもらいやすくなり、安心度合いが高まります。認知症の人は、お金を払わずにお店の商品を無断で持ってきてしまうことがあるのですが、よく利用するお店に事前に事情を話しておくことで、万引きではないのだと理解してもらえるでしょう。

最近は認知症の見守り支援を行なう自治体が増えています。ボランティアの人が認知症の人の見守りや話し相手、散歩のつきそいなどを行ない、介護者の負担軽減につながっているようです。徘徊で行方不明になったとき、様々な協力機関に情報が送られて探すしくみである見守りネットワークも、多くの自治体で行なわれるようになってきています。

また、全国で認知症サポーターも増えています。認知症サポーターとは、認知症について正しく理解し、認知症の人やその家族を温かく見守り支援する応援者のことです。厚労省の「認知症サポーターキャラバン」事業として、自治体などが認知症サポーター養成講座を実施しています。認知症サポーターは、何か特別な活動を要求されるわけではありませんが、認知症の人と出会ったときに、その人の尊厳を損なわないように適切に対応することが期待されています。

今後は、認知症の人が地域で安心して暮らせるような住まいやしくみづくりが望まれます。

Q045 78歳の親が療養型の病院に入院して3カ月ほど経つと、出てほしい旨を告げられ、その後、病院や施設をたらい回しにされて困っています

A そこが「住まい」ではなく、いずれは自宅に戻ることを前提とした施設だからです。しかし自宅では介護態勢がとれず、かといって高齢者住宅に入れない事情があるために、数カ月ごとに別の場所に移り続ける人も多いのが現状です。

親御さんが病院や老健に入院していて、数カ月ごとに転々としなければならないのは、ご本人はもちろん、家族にとっても負担が大きいことだと思います。しかし、それには理由があるのです。

療養型の病院、つまり療養病床がどのような目的で作られた施設なのかを、よく理解することが必要です。**療養病床**は、病気の急性期が過ぎて症状は安定しているけれど、もうしばらく医学的な管理が必要な人が、療養のために過ごすところです。医師や看護師、理学療養士など医療スタッフが配置されているのが特徴で、病状が回復するまで、長期にわたって医療ケアや介護を受けることが可能です。療養病床には医療保険が適用される**医療型（医療療養病床）**と、介護保険が適用される**介護型（介護療養型医療施設）**がありますが、受けられる医療ケアや介護に、それほど違いはないようです。医療型と介護型の両方のベッドを併せ持つ病院もあります。

療養病床の本来の目的はあくまでも「療養」です。「住まい」ではありません。つまり、いずれは自宅に戻ることが前提となっているので、回復したら退院をすすめられるのです。入院期間を特に定めていないところもありますが、中には入院期間の上限を3カ月や6カ月などと設定している

ところもあるようです。

また介護保険の施設サービスとしては、療養病床のほかに老健（介護老人保健施設）があります。こちらは病院を退院したあと、自宅での生活に戻るために看護や介護、リハビリなどを行なう中間施設という位置づけです。老健もやはり本来は「住まい」ではないため、入所期間が最大6カ月に限られています。

ところが、自宅で介護するのはむずかしく、かといって特養や有料老人ホームなどに入所することもできない、という事情を抱えている人もいます。苦肉の策として、いくつかの療養病床や老健を数カ月ごとに順繰りに移動せざるをえないこともあるようです。

最近では、介護保険の地域密着型サービスである小規模多機能型居宅介護事業所でも、長期間、連続で泊まりを行なう例がみられるようになってきています。地域密着型なので、家の近くで泊まりが行なえるため、利用ニーズが高まっているのです。

なお、国は療養病床のうち介護型（介護療養型医療施設）については、医療型（医療療養病床）や介護療養型老人保健施設（新型老健）などへの転換を促進しています。療養病床での受け入れは、医療ケアの必要度が高い人だけに絞る方針です。医療ケアの必要度は低いけれど介護の必要度が高い人の、いわゆる「社会的入院」を抑制し、医療と介護の役割分担を明確化することが目的です。

しかし、なかなか転換が進んでいないのが現状です。２０１７年度末で廃止されることになっていましたが、厚労省から存続の方針が提示されました。

Q046 介護付有料老人ホームに入居している要介護1の母が、他の入居者と折り合いが悪く、「ここにいたくない」と娘の私にこぼすのですが…

Ⓐ 有料老人ホームのホーム長とよく相談し、別のフロアー等に移れるようでしたら、移してもらうように頼むとよいでしょう。

終いの住みかとして入居したはずの親御さんから「ここにいたくない」と言われるのは、子どもさんにとっては切ないことだと思います。しかし、現在、住んでいる有料老人ホームを退去して、別のところを探すというのは大変ですし、金銭的負担もかかってしまいます。

まずは、親御さんが入居しているホームのホーム長に、相談してみるとよいでしょう。親御さんのホームでの生活の様子などを教えてもらい、どうしても相性の悪い入居者がいるようでしたら、部屋を移動できないかどうか、頼んでみるといいかもしれません。

別のフロアーに移ったり、ユニットケア式のホームであれば、別のユニットに移ったりすると、解決することもあります。ほかの入居者とはうまくいっていて、ホームの対応に問題がないのであれば、それがいちばんいいと思われます。

第5章

「暮らし方・生き方」を考える

Q047 離れて暮らしている一人暮らしの親の見守りサービスには、どういうものがありますか？

Ⓐ 自治体で、見守りサービスに取り組んでいるところがあります。民間でも様々な見守りサービスが行なわれています。

高齢者で一人暮らしをしている人は、年々増加しています。２０１０年の国勢調査によると、65歳以上の人がいる世帯のうち、一人で暮らしている世帯は24・８％。約4分の1にものぼります。高齢の親が、子ども世帯とは離れた場所に一人で住んでいるというケースは、決して珍しいことではないといえます。毎日、電話で親の安否確認をする人も多いのではないでしょうか。

もし親が、住み慣れた地域で暮らし続けることを望んでいるのでしたら、それを見守るしくみがあれば、本人も家族も安心かもしれません。自治体によっては、民生委員やボランティアなどが高齢者宅を訪問するところや、地域ぐるみで見守りネットワークを作り、声かけなどのさりげない見守りに取り組んでいるところもあります。親が見守りを希望するようでしたら、地域包括支援センターに相談してみるとよいでしょう。

民間でも、様々な有料の見守りサービスがあります。たとえば、無線通信機内臓の電気ポットの使用状況が、離れた場所に住む家族にメールで送られるもの、同様にガスの使用状況が送られるもの、人感センサーで家の中の親の様子が確認できるものなど多様です。

Q048 高齢になると一人暮らしが不安ですが、地域にはどんな支援があるのでしょうか?

Ⓐ **多くの自治体が緊急通報システムを導入しています。運用方法は自治体ごとに様々です。**

Q47でも触れましたが、高齢化や核家族化を背景に、一人暮らしの高齢者は増加傾向にあります。一人暮らしの人の多くが不安に感じているのは、「病気やケガ、その他の緊急事態のときに、すぐにだれかが来てくれるのか」ということだと思われます。発作を伴う持病を抱えた人などは、特に切実です。

そのため多くの自治体では、緊急通報システムを導入。室内に設置する通報装置や、首から下げられるペンダント型の無線発信機などを自治体が高齢者に貸し出しています。緊急時にボタンを押すと、受信センターや消防署などに通報が届くしくみになっているところが多いようです。自治体によっては、緊急時に駆けつける協力員をあらかじめ登録するところ、利用対象を病気や障がいを持つ人に限定しているところなどもあります。自分が住んでいる場所の地域包括支援センターに問い合わせてみるとよいでしょう。

ほかにもQ47にもあるように、民生委員やボランティアの訪問を受けられることもあります。日頃から町会や老人会などに参加し、地域とのつながりを持つことも重要だと思われます。

Q049 民生委員とはどういう人で、何をしてくれるのですか?

Ⓐ 民生委員とは、地域住民のために活動する地域の住人です。地域に住む人の相談にのったり、情報の提供や福祉サービスの紹介、橋渡しなどを行ないます。

みなさんの地域にも、民生委員と呼ばれる人がいるのではないかと思います。核家族化が急速に進み、地域社会のつながりが希薄になっている現代において、高齢者や介護が必要な家庭が適切な情報を手に入れられないまま、必要なサービスや支援が受けられず孤立していることが問題化しています。

民生委員というのは、地域に住む高齢者や子育て家庭、障がいをもつ人などからの様々な相談に対して、地域住民と同じ立場に立って情報提供やアドバイスをする人です。相談内容によっては、適切な福祉サービスを紹介したり、行政や専門機関とのパイプ役となったりします。

民生委員は、町会や自治会の推薦などを経て、厚生労働大臣から委嘱され、その任にあたります。特別職の非常勤地方公務員で守秘義務があります。ボランティアとして活動するため、給与はありません。地域の実情をよく知り、福祉活動やボランティア活動などに理解と熱意のある人が民生委員になることが多く、全国で約23万人の民生委員が活動しています(2012年3月現在)。

心配ごとや困ったことがあるときには、住まいの地域の民生委員に相談してもよいでしょう。

Q050 がんの手術で入院し、まだ十分に回復していないのに、退院を宣告されました。一人暮らしなのですが、どうしたらよいでしょう？

Ⓐ 病院の医療ソーシャルワーカーや地域包括支援センターに相談するとよいでしょう。有料ショートステイなど、いくつかの方法があります。

入院するほどの重い病気で、ましてや手術を受けたりすると、回復には時間がかかるものです。高齢で一人暮らしの場合、家に戻っても身の回りのことができず、暮らしが立ち行かなくなってしまうことも懸念されます。

入院している病院に「医療ソーシャルワーカー（ＭＳＷ）」がいるときには、退院後の心配ごとを相談することができます。医療ソーシャルワーカーとは、患者やその家族が抱える様々な問題の解決をサポートする人です。もし、病院に医療ソーシャルワーカーがいない場合は、地域包括支援センターに相談するとよいでしょう。

ここでは、一人暮らしの人の退院後のいくつかの方法を紹介します。

まず一つ目の方法は、**地域の小規模な病院への転院**です。退院を促されても、すぐに自宅での生活に戻るのが体力的に難しいようでしたら、医療ソーシャルワーカーなどに依頼して、受け入れてくれる病院を探してもらうとよいでしょう。

二つ目の方法は、**自宅で訪問診療を利用する**ことです。入院中から医療ソーシャルワーカーや地域包括支援センターに相談して医療機関を探してもらうと、退院後にスムーズに訪問診療を開始できることが多いようです。できれば在宅療養支援診療所がいいと思います。急に具合が悪くなったときにも、24時間対応で主治医または連携する医師の往診を頼めるからです。自宅から30分以内のところにある診療所ですと、すぐに駆けつけてもらうことができるので心強いといえます。食事については配食サービスを利用し、必要に応じて有料の家事サービスなどを利用すれば、在宅での療養も可能だと思われます。

三つ目として、数は少ないですが**介護保険外サービスになる「有料ショートステイ」を利用する**方法があります。有料ショートステイは、介護保険のショートステイとは異なり全額自己負担ですが、24時間のケアサービス付きで泊まれるしくみです。有料老人ホームなどで実施され、空きがあれば緊急の受け入れにも対応しています。介護認定者のみを対象としているところや、要介護度に関係なく自立の方でも利用できるところなど様々で、料金やサービス内容などもホームによって異なります。元気なうちから、地域にある有料ショートステイについて調べておくと、いざというときに役立つのではないかと思われます。ただし、有料ショートステイを行なっている有料老人ホームの多くは、入居者が80歳以上の要介護者。60歳代の人では、雰囲気に馴染めないこともあるようです。

有料ショートステイの例としては、「介護保険外ショートステイなかざわ」があります。東京都多摩市にある高齢者福祉関連施設「ゆいま～る中沢」の中にあります。必要に応じて、食事介助や入浴介助などの有料サービスを追加することができます。病院を退院した後の療養に利用する人も多いそうです。1カ月ほど連続利用する人もいるため、月払い料金も新たに設定されました。

Q 051 一人暮らしなのですが、荷物の整理など、どこに頼めばいいですか？ 死んだ後の片づけはどうしたらいいでしょう？

Ⓐ 生きているうちに荷物整理をしたいときは、プロである生前整理を行なう業者に頼む方法があります。自分が亡くなったあとの遺品整理を、自分であらかじめ契約しておく生前予約を利用する人もいます。

生きているうちに、自分の持ち物や財産を自分で整理しておこう、と考える人が多くなっています。これは「生前整理」と呼ばれていて、二つの目的があるようです。一つは、身辺をすっきりさせて最期を迎えられるようにすること。もう一つは、自分の死後、家族などが「遺品整理」を行なうときの負担をなるべく減らすことです。

ほかにも高齢者住宅に住み替えをする、子どもの家に同居する、長期入院の前に部屋をきれいにしておくなど、様々な理由で生前整理が行なわれているようです。また、もっと早いタイミングで、たとえば老いを迎える前の時期に、今後の生活に不要だと思われるものを処分する人もいます。気力や体力が十分にあるうちに身の回りが片づくので、心安らかに老齢期に入っていくことができるようです。歳をとってくると足元がおぼつかなくなりがちですが、部屋の荷物を減らせば、床に置かれた物につまずいて転倒する危険などを回避することにもつながります。

生前整理は自分一人で行なっても、家族や友人に手伝ってもらってもよいと思います。また、どちらも難しいようでしたら、プロに頼んでもよいでしょう。生前整理の専門業者はインターネットなどで探すことができます。

まずは生前整理の業者に家財を見せて、見積もりをとりましょう。見積もりはたいてい無料ですので、十分に納得してから契約することです。料金は部屋の数や広さ、家財の量などで変わってきます。複数の業者から見積もりをとり、比較をすることをおすすめします。あまり高額な料金を請求する業者は避けたほうがいいです。逆に、不法投棄などをしているために料金が安い業者もありますので、注意が必要です。

このように生前整理を行なったとしても、自分の死後には少なからず家財が残ります。一人暮らしの場合、その片づけが気がかりな人も多いのではないでしょうか。

自分の死後の遺品整理を、家族や友人等にあらかじめ頼んでおく人もいますが、遺品整理業者に依頼して、生きているうちに遺品整理の予約する、つまり「生前予約」という方法もあります。現時点の家財の量を見せながら、遺品の分け方、不要品の処分のしかたなどを打ち合わせして、見積もりを出してもらい契約します。契約書は家族や親戚、友人、ヘルパーなど信頼のおける人に託し、自分が亡くなったら遺品整理業者に連絡するように頼んでおくといいと思います。料金は作業終了後に支払うことが多いので、その分のお金の渡し方法も相談する必要があるでしょう。

高齢者住宅などに入居している人は、契約書に死後の荷物の引き取りについて書かれていますので、確認しておきましょう。たいていの場合、期限が過ぎても相続人等が引き取りに来ない場合は、事業者が処分を行ない、費用は敷金や返還金から差し引かれる契約になっているようです。

Q052 もしものとき、延命治療を拒否したいのですが、どうすればいいのですか？

A 「事前指示書」や「リビングウィル」を書いておくことをおすすめします。自分で意思表示できないような状態に陥っても、医師が患者の意思を尊重して対処するようになってきています。

自分の最期のときに、「なるべく自然な形で死を迎えたい」「死期を引き延ばすだけの延命治療はしたくない」と考える人が増えています。読売新聞の2013年の世論調査によると、「終末期に延命治療を受けたいと思うか」という質問に「そう思わない」と答えた人が、全体の8割以上をしめていました。

しかし本人が意識不明で、本人の希望がわからないときは、家族や医師が本人に代わって、延命治療についての判断をしなければなりません。他の人は心情的に、治療をしないという選択肢をとることは極めて困難だといえます。また、ひとたび延命治療を行なえば、回復が見込めず意識もないまま、いわば「生かされている」という状態が長く続くことも、珍しくはないのです。これは本人にとっても家族にとっても、つらいことです。

そこで重要なのは、意識不明に陥ったりして意思決定ができないような状態でも、自分が望む最期を迎えられるように、終末期の医療行為について、自分の希望を明記しておくことです。これは「事前指示書」「リビングウィル」などと呼ばれています。本人の希望や意思がわかるため、家族が判断に迷うことも少なくなります。法的な拘束力はなく状況にもよりますが、病院側も書かれていることを尊重するようになってきています。

死期が迫ったときに、延命治療を拒否したいという意思を示す方法としては、日本尊厳死協会の会員になり、「尊厳死の宣言書（リビングウィル）」にサインし、それを医師に提示するというやり方があります。ただしこの場合、一つひとつの処置について、それぞれ希望するかしないかを選ぶことはできません。

ほかに、市販されている「事前指示書」もあります。Q59の「エンディングノート」と似ていますが、医療の部分について特化した内容だといえます。一例としてはエディテクスから出版されている『私の生き方連絡ノート』（自分らしい生き死にを考える会・編）があげられます。書き込み式のノートで、書店やインターネット等で購入できます。

「事前指示書」や「リビングウィル」を書くときに大切なのは、書いたということや、その内容を家族などにも知らせておくことです。置き場所も伝えて、いざというときには医師に見せるように頼んでおきましょう。終末期には、普段はあまり会いに来ない家族や親戚があらわれて、「延命治療をしない」という選択に対して異を唱えることが少なからずあるようです。そんなときにも、「事前指示書」や「リビングウィル」を見せれば、本人の意思だということを理解してもらうことができると思われます。

また、意識がなくなったときに、自分の代わりに判断を行なう「医療判断代理人」を家族などの中から決めておくのもよいでしょう。

病院によっては、独自の「事前指示書」や「リビングウィル」を用意していて、患者が自分の意思を事前に記入しておくことができるところもあります。もしものときには、その意思が尊重されるのです。

たとえば東京都にある聖路加国際病院では、症状の重い患者のうち希望する人は、「私のリビングウィル」を書くことができます。人工呼吸器や胃ろう、点滴など、それぞれの処置について、希望するかどうか丸をつけるようになっているのです。本人や家族、医療者が署名する欄もあり、電子カルテにも記載されて病院内で共有されます。考えが変わったときには、いつでも新しく書き直すことが可能です。そして、延命治療が必要になったときには、本人の価値観を尊重した治療が行なわれます。

このような「事前指示書」や「リビングウィル」を導入している病院は、全国的に少しずつ増えていますが、まだあまり多くはありません。

病院に入院しないで自宅で最期を迎えたいと考えている人なら、往診に来てくれる「かかりつけ医」をもち、延命治療を希望しないことを伝えておくことが、とても重要です。持病で大きな病院に通っていて、そちらに主治医がいることもあるでしょう。それでも、家の近くにもう一人、何でも相談できるかかりつけ医をもつことをおすすめします。在宅療養支援診療所なら、24時間対応で往診してくれるので、安心感があるかもしれません。自然な形での最期を迎えたいと望んでいるのでしたら、それが非常に大切なことだといえます。

Q053 認知症になった場合を考えて任意後見人を見つけたい。どのように探せばいいのですか？　費用は、誰に頼むと安くすませられるのですか？

Ⓐ

判断能力が十分でなくなったときのために、元気なうちに自分自身が任意後見人を定めておく制度が**「任意後見制度」**というものです。**公正証書契約を結ぶことで、自分に判断能力がなくなったときから任意後見契約が発効されます。任意後見人に何をしてもらうかは、予め公正証書に記しておきます。**

「成年後見人制度」とは、認知症や知的障がい、精神障がいなどの理由で判断能力の不十分な人に代わって、法的に権限を与えられた人が、その人の財産や権利を保護して生活を支援する制度です。的確な判断能力ができなくなると不動産や預貯金などの財産を管理したり、身のまわりの世話のために介護などのサービスや施設への入所に関する契約を結んだり、遺産分割の協議をしたりする必要があっても、自分でこれらのことをするのが難しくなる場合があります。また、自分に不利益な契約であっても判断ができずに契約を結んでしまい、悪徳商法の被害に遭うおそれもでてきます。このような判断能力の不十分な人を保護し、支援するのが「成年後見制度」です。

成年後見制度は、大きく分けると**「法定後見制度」**と「任意後見制度」の2つがあります。「法定後見制度」はすでに判断能力が失われたか不十分な人のために、その人の権利を保護するために家庭裁判所が適任とされる人を専任する制度です。この制度を利用すると、家庭裁判所が選任した成年後見人が本人の利益を考えながら本人を代理して契約などの法律行為をしたり、本人が結んだ不利益な法律行為を後から取り消すことができます。

「任意後見制度」は、自分で正しく判断することが困難になったときのために、元気なうちに自分自身が任意後見人を定めておくことができる制度です。本人が認知症等になって判断能力が失われてから任意後見契約が発効されることとなります。任意後見制度は公証人の作成する公正証書で結び、証書内容には、自分にとって将来必要な内容、してほしい項目などを自分で決めて記載することができます。例えば、不動産などの管理や処分、金融機関や証券会社との契約について、介護認定の申請や承認、有料老人ホームでの一般居室から介護居室への住み替えに関する契約ごとなど、自由に追記できることとなっています。そして、本人の判断能力が不十分になったときに、任意後見受任者が家庭裁判所に申立てをして、「任意後見監督人」が選任されて任意後見人としての役割が始まることとなります。「任意後見監督人」は、任意後見人を監督する人のことです。任意後見人は、公正証書に定めている契約行為の内容について任意後見監督人に厳しいチェクを受けることとなり、裁判所に監督されることとなります。公証役場での任意後見制度の契約手続きは、印紙代も含めて3万円程度でできます。

任意後見人は自分が信頼を寄せる人にお願いするのがいいでしょう。もしそのような人がいない場合には、後見人の活動をしている各士業の人が登録している団体に問い合わせてみるのもいいでしょう。弁護士会や司法書士会、行政書士会などが地域で活動しています。この場合には契約により任意後見人が選定されることとなり、月々の後見費用としてかかることになります。月々の費用として3万円~5万円がかかるのが相場のようです。

身元引受人がいない人、財産の管理をしてくれる人が見あたらない人、介護や生活支援をしてくれる人が思いあたらない人は、将来に向けての安心のためにも任意後見人制度についての知識を備えておくことも必要です。元気なうちに自分自身が主体となって任意後見人を決めておけるので安心でもあり、認知症等になって判断能力が失われてはじめてその効力が適用されます。元気な今だからできる「将来への備え」のひとつとして、考えておくことも必要です。

Q054 遺産相続で子どもたちが争わないように、遺言書を書いておきたい。どうすればいいですか？

Ⓐ 遺言書は、自分で書く「自筆証書遺言」と、公証役場で公証人に作成してもらう「公正証書遺言」とに大きく分類されます。 それぞれに特徴がありますが、**争いを未然に防ぐための有効な遺言書とするためには、法律で定められた方法で作成する必要があります。「付言事項」には、法的効力はありませんが、自分の思いや願いなどについても記載することができます。**

遺言書とは、故人が最期に自分の想いを伝えるものです。遺言の内容としては、残された財産の分与や処分方法などについて記されることが一般的となっています。また、「付言事項」には遺される家族や関係者に向けた、故人の希望や言葉を残すこともできます。

財産を残して亡くなった場合、遺言書がないと、法定相続人に法で定められた割合で相続されることになります。生前、故人の介護をしたのだから介護をしなかったきょうだいより多くもらうのは当然など、遺族の配分で「争族」となることも多いのです。もし、遺言書で何をどのように相続させるかを定めておけば、この相続人の争いもなくスムーズに相続手続きを進めることができます。

ただし、法的に効力のある遺言書の作成にあっては、いくつか注意しなければならないことがあります。まず、遺言書の方式及び内容は、法で定められたものにします。遺言書は、財産権などについて故人の意思をその死後において実現させるためのものであるため、遺言書の「存在」や「内容の真実性」を確実なものとしなければなりません。そのため、遺言書として確実なものとそうでないものを区別するために、遺言書の形式も含めて、法で厳格に定めているのです。

遺言書の種類は、自筆証書遺言、公正証書遺言、秘密証書遺言があります。自筆証書遺言は、内容を含めてすべて自筆で作成するものです。費用もかからず、いつでもどこでも書けるものですが、その内容が不備な場合には法的に有効になりません。そのため、遺言書があったとしてもトラブルが発生する場合があります。公正証書遺言は、公証役場で公証人に作成してもらう遺言のことです。第三者により有効な内容で作成してもらえるため、費用はかかりますがもっとも確実な方法です。秘密証書遺言は、遺言者が自分で作成し、公証人や証人２人以上に自分の意思によるものであることを申し出て関係者が署名捺印するもので、利用する人は少ないのが実態です。ここでは、自筆証書遺言、公正証書遺言について簡単に説明します。

●自筆証書遺言

自筆証書遺言とは、全文を自分で書く遺言のことです。代書やワープロ（パソコン）では無効になります。テープレコーダーに吹き込んだ音声も無効です。また、作成日付、署名・押印なども必須です。自筆証書遺言は費用もかからず、いつでも書けるなど手軽に作成できるため数多く利用されています。保管は自分でするか別の誰かに預かってもらいます。いつでもどこでも作成できる自筆証書遺言ですが、法的に認められるためには、「家庭裁判所の検認手続き」というのが必要となります。これは、遺言書の形状、加筆訂正の状態、日付、署名など検認日における遺言書の内容を明確にして遺言書の偽造・変造を防止するためのものです。また、封印のある遺言書は、家庭裁判所で相続人等の立会いのもとで開封しなければならないことになっています。このため、遺言書を見つけられなかったり、検認手続きの前に他者に破棄されたり開封されていたりすると、遺言書の効力がなくなってしまうため注意が必要です。

自筆証書遺言の場合は、自筆であるため、判読しやすい文字で丁寧に書くことも重要になってきます。遺言に書かれている内容があいまいな表現だと文章の意図が不明確となり、後に争いとなる場合もあります。また近年では自筆で書く機会が激減していることから、本人の筆跡を証明できるものが残っておらず、遺言書が故人によって書かれたものかが判別できずに争いに発展する事例も生じています。また、遺言書が発見されなかったり、遺言であることも知られずに処分されてしまったり、意図的に破棄されてしまうということもあります。

●公正証書遺言

公証役場で公証人に作成してもらう遺言のことです。自筆証書遺言では形式面の不備や遺言書そのものが本物か偽物かなどについて問題となる場合がありますが、**公正証書遺言とすることで有効な遺言書が確実に作成することができます。**事前に公証人と打ち合わせて、公証人が作成した遺言書の文面を確認します。その後、2人以上の証人になってくれる人と公証役場へ行き、遺言内容を確認して、最後に遺言者本人、証人及び公証人が署名押印をして、遺言書の原本が、公証人によって保管されます。公証人の作成手数料は、1億円の遺産を3人の相続人に均等に与える場合で約10万円程度となります。公正証書遺言書については、自筆証書遺言書で必要となる家庭裁判所の検認手続きは必要ありません。遺言書の実効性については、自筆証書遺言と比べると確実性が高い方式といえます。

また、遺言書に記すことができるものとして、**「付言事項」**と呼ばれるものがあります。これは、遺言書の最後に書かれることが多いもので、故人の感謝の気持ち・残したい想い・遺言を書くにいたった理由等を記すものです。遺される人たち一人ひとりに思い思いの言葉を残すこともできます。**法的には効力はありませんが、故人の最期の意思を表明するものとして重要なもの**です。遺言に財産の分け方だけしか書かれていないと、遺された家族や利害関係者に本当の想いが伝わらず遺産の分配が少ない相続人にとっては、受け入れがたいものになりがちです。それがもとで、相続争いや遺留分減殺請求に繋がることもあります。しかし、遺言者の最期の意思を表明した「付言事項」は、故人の真の想いや願いが込められた言葉となることが多いため、相続人同士の争いを抑制する効果もあります。

その他、付言事項でよく書かれることの一例ですが、自分の葬儀や法要の方法、遺骨の処置方法、可愛いがっていたペットへの対応、などがあります。

自分が亡くなった後に財産分与などで、争いが起こることは未然に防ぎたいものです。そのためにも、自分の意思や気持ちを正確に伝えるためにも、遺言書にその思いを綴ることは必要なことでしょう。

Q055 夫はすでに他界し、親も子どももいません。親族とも疎遠です。私が死んだら財産は寄付したいのですが…

Ⓐ

人生の最後に、世の中に対する恩返しの気持ちを込めて「自分の財産は寄付したい」「残された財産は社会のために有効に活用してほしい」など、寄付を希望する人が増えています。**死後の財産を保全しながら、確実に希望の機関に寄付するためには、遺言書による方法が確実です。**

遺言によって、故人の財産の全部または一部を贈与することを「遺贈」といいます。相続は、民法で定められたルールに従って行なわれます。民法には誰が、どの程度、相続するかについてあらかじめ定められています。これは、現金や不動産、預貯金のみならず、借金などの負債もすべてが対象となります。相続人は、配偶者、子ども、直系尊属（両親、祖父母）、兄弟姉妹などが、民法に定める法定相続人となります。配偶者、子ども、両親や祖父母がいない場合は、故人の兄弟姉妹かその子どもたちが相続人になります。相続人が不在の場合には、その財産は国に属することになります。ただし、遺産の属する先については、遺言書でその配分・分割方法を変更することができます。

生前に、故人の亡き後に財産の処分方法を確実にする方法は、遺言書による方法です。この方法については、前出のQ54にて説明しています。自筆で気軽に作成できる自筆証書遺言もありますが、多少の費用が必要でも、公正証書遺言を作成し、死後も確実に実行される方法を選択することがよいのです。

「相続」とは違い、ある機関や団体に財産を寄付するためには、法的な手続きが必要になります。これが遺言書による方法です。これは、遺言書の中で有効な方法と形式で記されることではじめて有効になります。遺贈先の名称、住所、理由を明記して、遺贈する財産の内容をできるたけ具体的に明確に記すことが重要となります。いずれにせよ「公正証書遺言」として、公証役場において2人以上の証人の立会いのもとで作成することです。遺言書の原本はそのまま公証役場で保管されますので、紛失や書き換えのおそれがなく、もっとも安全で確実な方法です。

遺産を社会的に有意義な事業に使ってほしい、そのような気持ちは素晴らしいものです。その気持ちと共に財産を寄付する経緯なども遺言書に残しておくことです。そうすることで、自分の意思や願いを後世に伝えることができます。

そして、遺言書の作成にあっては、寄付する機関や団体でより有効に自分の財産を活用してもらうためにも、弁護士や司法書士などの第三者でもある専門家に相談したうえで、公正証書遺言として作成されることをおすすめします。

Q056 死んだ後も社会貢献したいので、献体や臓器提供を考えたいのですが……

(A)

医学の発展につながる献体や臓器提供は、基本的には本人の意思が尊重されますが、実際には、本人の意思だけでなく、家族の承認が必要となります。生前に家族に社会貢献したい旨の意思をしっかりと伝えて同意を得ておくことが大切です。

「自分の身体が命を終えたあとでも誰かの役にたつのなら……」と、自分の死後に献体や臓器提供を希望する人が増えています。特に献体は死んだ後に「私の残した財産は、身体も含めて社会貢献に使ってほしい」など、遺言を作成しておけば、亡くなった後もあなたの意思を尊重する方法で、遺体を社会の役に立つ方法で活用することができます。遺体の活用方法として献体、臓器提供（角膜移植を含む）などがあります。

「献体」とは、医学の向上と発展を目的として、大学における教育・研究のために、死後の自分の身体を医学・歯学大学に提供することをいいます。献体の最大の意義は、自らの遺体を提供することで、優れた医師を養成することにあります。人が亡くなった場合に火葬せず、医系大学に搬送して人体解剖学の教育や研究に役立たせるのです。無条件・無報酬で提供することがほとんどで、生前に献体登録を受けることで医療に貢献できることとなっています。解剖や研究などで遺体が使用された後は、献体機関にて火葬されて、遺族の元に返されます。**提供した遺体が遺骨となって戻ってくるのは、死亡の時期や大学にもよりますが普通は1～2**

年、長い場合で3年ぐらい先になることもあります。

献体登録は、本人の意思だけでは行なえないようになっています。所定の申込用紙に必要事項を記入し、家族の同意印を含めて捺印することで、献体登録となります。この場合でも、本人の死後、実際に献体されるかどうかの最終的な判断は家族に委ねられます。配偶者、子ども、兄弟姉妹などの二等親以内の家族の中で、献体に対して拒否する人が一人でもいる場合には、献体に応じられないことになっています。生前の段階から家族に献体の意思についてしっかりと伝え、話し合っておくことが大切です。

「臓器移植」とは、重い病気などにより臓器の機能が低下し、移植でしか治療できない人と、死後に臓器を提供してもいいという人を結ぶ医療です。薬や手術では治療が困難なまでになってしまった患者さんに対して、別の人の臓器を移植することで、命を救われ、重い病気を治すことができます。臓器提供を希望する場合は、生前のうちに「臓器提供意思表示カード（通称ドナーカード）」にその意思を記入しておくことが必要です。提供できる臓器は、心臓や肺、肝臓、腎臓、膵臓、小腸、角膜です。このうち、心臓と肺、肝臓については脳死後の提供となります。まずは、臓器移植の意思を明確にするためにも、ドナーカードを作成し、所持しておくことです。ドナーカードの裏面は「自分の意志の選択」「提供したくない臓器」その他、特記事項や自筆署名欄などがあります。ドナーカードは「社団法人日本臓器移植ネットワーク」のホームページから登録できます。また、病院や地方自治体、郵便局、献血ルーム、コンビニエンスストアでもドナーカードが置いてあります。

献体・臓器提供も、本人が提供したいという意思を実現性あるものにするためにも、生前に家族と十分に話し合って、理解を得ておくことが必要不可欠です。

Q 057 最期は病院や施設ではなく、慣れ親しんだ自宅で死にたいのですが、どんな準備が必要ですか？

Ⓐ 自宅での看取りを実現させるには、主に二つのことが必要となります。一つは、自宅での看取りを容認してくれる信頼関係がおける医療機関の確保です。緊急時に備えて24時間対応が可能な医療機関を探す必要があります。そしてもう一つは、自宅での看取りに関しての家族の理解です。延命治療の対応も含めて容態の変化に応じた話し合いが必要です。

「病院や施設ではなく、最期は住み慣れた自宅で家族と穏やかに迎えたい」。そんな思いを抱く人が増えています。最期の時間だからこそ、病院のベッドでなく、自宅でゆっくりと自由に家族に看取られながら最期の時を迎えたいという希望は、だれもが抱く当然の気持ちです。しかし、実際に最期の看取りというのは痛みと苦しみを伴う場合もあり、理想とあまりにも違う現実に、本人も家族もとまどってしまうこともあります。結局、最期の時は救急車を呼んで病院で看取るということも多いようです。

内閣府の調査によると、高齢者の6割の人が自宅で最期のときを迎えることを望んでいるという報告があります。1950年代は8割以上が在宅での看取りであったのに対して、現在では自宅で亡くなっているのは1割程度の人のみです。自宅で在宅医療を受けながら、最期まで看取ってもらうためには、家族や医療機関を含めて入念な準備が必要となり、患者・家族、医療・ケア関係者の連携がしっかりと構築されなければできません。

まずは、**緊急時における医療体制の確保**です。病院では24時間の常時医療看護ですが、自宅では緊急時に対応をしてくれる医療機関を確保することが大切です。近所で訪問診療をしているクリニックや診療所があれば、自宅での看取りを含めた24時間体制の医療体制に応じてくれるか確認してみることです。現在病院に通っているなら、その病院の紹介で在宅での看取りや医療を支援してくれるところを紹介してもらうことです。最近では在宅医療専門をうたった医療機関もあります。このようなところと契約を結び、日常の健康状態を含めて精神面でのケアも含めた、自宅での療養と看取りの体制を構築することが必要です。そのうえで、家族と十分に話し合っておく必要があります。

もっとも大切なことは、**家族間での意思の統一です。「看取り」といっても、その最期の状態は様々です。**テレビドラマの在宅での看取りでは、眠るように呼吸が止まり、最期のときを迎えるという場面が多いですが、そのような状況だけではありません。呼吸困難の発作が頻発し、非常に苦しみ、意識を失いながら最期のときを迎えるということもあるでしょう。家族の目を離れた時間にいつの間にか亡くなっていたということもあるでしょう。実際に苦しんでいる本人を前にして、医師が来る前に救急車をいち早く呼んだほうがいいと判断するかもしれません。救急車で搬送された場合には、延命治療を施されて最期は病院で看取るというケースも多いようです。

在宅で看取るということは、「命が終わる」ことを理解し、自宅で見送るということです。容態が急変した場合の対処方法などについては、在宅医療を支援している医師との十分な連携が必要となります。どのような場合に救急車を呼んだほうがいいのかも含めて、家族で話し合っておくことです。自宅で看取るということは、「どのように最期のときを迎えるのか」ということについて、心構えをしておくことともいえます。**緊急時の延命治療を含めて、医師と家族と在宅医療の限界を知った上で、しっかりと話し合っておくことが必要です。**

まだ、在宅での看取りは十分に整備されていません。ところが、年々高齢者が増加し、入院患者数も増えている現状では、在宅における看取りの重要性が高まっていくことが予想されます。国は、入院患者数を縮減することで医療費を抑え、可能な限り在宅死、すなわち自宅で最期を迎える率を40％まで引き上げるための施策を掲げています。増大する医療費を少しでも抑えることに加えて、慢性疾患の比率が高くなってきた日本の疾病構造の変化に対応するためにも、これからは在宅での看取りが増えてくるとみられています。そういう意味でこれからは、医療・介護の制度が整備され、在宅での看取りを行なうインフラが整い、開業医も、積極的に在宅での療養や看取りに参画するようになってくることでしょう。

亡くなったら、主治医がいれば死亡診断書を書いてもらいます。最期のときのためにも、主治医との連絡を密にしておきましょう。主治医がいない場合、警察が入って検死をすることになります。なお、救急車は遺体は運べません。

Q058 「ホームホスピス」とは、どういうものですか？

Ⓐ **「ホームホスピス」とは、主に人生の終末期の人が住まうケア付き共同住宅をいいます。民間団体やＮＰＯなどが空き家や空きマンションを利用して運営しているものです。自分の家に住んでいるような居住環境の中で、介護と医療的なケアを提供します。最大の特徴は、死期が近づいても、病院に搬送せずに最期まで看取るという点です。ただし数は非常に少なく限られた地域での提供となっているのが現状です。**

ホスピスとは、もともとはヨーロッパで巡礼者など旅に疲れた人たちや病人を休ませる教会や宿泊施設のことでした。現在では、治癒する見込みのない末期がんなどの患者さんの苦痛や死の恐怖を和らげ、尊厳を保ちながら最期を迎えるケアを提供する場を指しています。入所だけでなく外来で痛みを和らげる方法もあり、在宅ホスピスもあります。

なお、現在日本の医療では、「緩和ケア病棟」と呼んでいます。

厚生労働省の調査によると、特別養護老人ホームへの「入居待ち」は現在52万人に達していて、介護を必要とする人の受け皿不足は一層深刻化しています。日本は２０３０年には年間の死亡者は１７０万人になり現在より40万人増の「多死時代」に突入します。東京都では20年後の高齢者の独り暮らし数は１００万世帯を超えると試算しています。

日本の家族形態は、高度経済成長期を経てライフスタイルも変化し、日本独特の家制度や多世代同居から核家族化となりました。家族や血縁による介護は難しくなり、病院・施設で、医療や介護を受けることが主流になりました。そして、医療技術の発達につれて高寿命化が進み、認知症になる人の割合も多くなり、介護を必要とする高齢者の割合は年々増えているのが現状です。自宅での療養を望んでも難しくなっている現状があります。

そうした背景をふまえて、自宅になるべく近い環境で最期まで過ごすことができたら……という望みを実現する場として「ホームホスピス」が誕生しました。在宅でもなく、施設・病院でもない「第3の終のすみか」と呼ばれて注目されています。

看護・介護の専門職が常駐し、その人らしい生活を続けながら最期まで同じ場所で暮らし続けることができるようになっています。地域が協働して近隣住民やボランティアの協力体制のもとで運営がサポートされている場合もあり、地域医療・地域介護の一つの形態としても注目されています。自宅の環境に近い「空き家」を活用して運営されている場合が多く、初期投資を抑えて運営しているところがほとんどです。家族的な少人数のホームとすることで自由な生活を実現していて、音楽を聴いたり、読書をしたりと入居者一人ひとりにあった介護をしているのです。

たとえば、ホームホスピスの草分け的な存在として「かあさんの家」があります。２００４年、宮崎市内の空き家を借りて、住み慣れた地域で家にできるだけ近い環境で過ごしてもらいたいという願いから立ち上げたケアハウスで、２０１５年1月現在、宮崎市に4つのかあさんの家があります。看護・介護の専門職が24時間常駐し、ボランティアや地域の人たちの支援を受けて運営されています。なお、がんや認知症などに限らず、希望する人すべてにひらかれており、入居だけではなく短期的な利用も可能です。

こうした家庭的な雰囲気は、グループホームなどの一部の施設でも見られますが、最大の違いは、重い病気があって病院や施設から拒否された人でも受け入れ、最期まで看取る点です。がんの高齢者の場合、介護施設からは「医療的なケアができない」として拒否されたり、病院からも認知症を理由に敬遠されることが多いのが実情です。こうした人でもホームホスピスは積極的に受け入れます。看護師が医療的なケアに対応するとともに、近所の開業医に定期的に往診してもらって、がんの苦痛などを取り除く緩和ケアも可能としているところもあります。病院で延命治療をして生きるより、穏やかに暮らしたいという選択をして入居する高齢者も多く、看護師と介護職員が24時間態勢で見守り、調理師やボランティア、在宅医療の医師らも出入りします。

利用料や自己負担については、1カ月の負担は家賃や食費、介護の費用など、合わせて15~20万円程度のところが多いようです。運営側からすると、スタッフや医療施設との連携など費用もかかるため、初期投資を抑えたとしても、採算は厳しいものがあります。

今後は、全国各地の医療・福祉団体からホームホスピスの必要性が高まることが予想されています。自宅ではないけれど、病院や施設とも違う、「もう1つのわが家」。これからは、3人に一人が高齢者になる時代になります。どのような場所を終のすみ家とするのかは、これからの社会の課題です。ホームホスピスは、人生の最期を過ごす場所の新たな選択肢となるかもしれません。

Q059 生前準備のツールとして役立つといわれてエンディングノートを購入したのですが、どのように活用すればいいのでしょうか？

Ⓐ エンディングノートとは、自分に何かあった場合に備えて希望を書き留めておくノートのことです。遺言と異なり法的効力を有するものではありません。もしも何かあった場合に家族が読むことで、自分の希望を伝えることができます。書く内容は、自分のことや資産のこと、友人・知人などの情報、延命治療や介護、葬儀の方法などについて書かれていることが多いようです。

エンディングノートとは、和製英語で直訳すると「最期の覚え書き」です。決まった定義はありませんが、人生の折り返し地点を過ぎて老後から最期の旅立ちまでに思いを馳せ、自分自身の思いや願い・記録・残された人に伝えたいことなどを書き記した冊子のことを指して呼ばれています。２０１１年に、『エンディングノート』という邦画がヒットしたこともあり、一般の書店に各種のエンディングノートが並ぶようになりました。書店の中には専用コーナーも設置されているところもあり、たくさんの種類が発行されています。簡単なメモ的に書くものから詳しく書くもの、情報を伝えるものなど、多種多様なノートが市販されています。

自治体やＮＰＯなどが無料配布しているものもあり、エンディングノートに関する講座を開いている自治体もあります。遺言書というと少し仰々しく大袈裟に聞こえるものですが、エンディングノートという名称だと暗さも感じなく、なんとなく気軽に書けそうなイメージもあり、たくさんの人に購入されています。

「自分の身に何かあったときにどうしてほしいか」ということは、親族や家族が一緒に暮らす中で自然と伝わっていたものですが、現代は、少子化や核家族化など様々な事情により、昔のような家族間のつながりが薄くなっています。それも、このエンディングノートが注目を集めている理由の一つだと考えられます。市販されているエンディングノートには、医療や介護、葬儀、遺産相続、お墓など、中高年世代が気になる事項が細かく設定されているものもあります。一見すると項目が多くて記入が大変そうであっても、簡単な質問に順番に答えていくだけで1冊のノートが完成するようになっています。また、ノートに記入することで自分が老いたり死んだときのことを具体的にイメージできるという効果もあります。もし自分が認知症などを発症して介護が必要になったときに「介護の手続きや財産管理はどうするのか」というように将来直面する可能性のある問題について、客観的に記入することになるからです。

ノートはあくまでも任意の文書であり、書かれる事柄は特に決まっているわけではありません。ただ、生きているうちに自分の意思を表す方法として活用できます。自分らしい最期を送るというのはなかなか難しいものです。自分の最期の自己表現の手段として、遺される家族へのメッセージなども含めてエンディングノートを作成することはとても意味のあることだと考えられます。遺言書ほどまでは大袈裟でなく、任意で自分の身に何かあったときにその対処方法について記しておくことで家族の無用な争いや迷いを少なくする効果もあるでしょう。

ノートに記載される内容には、たとえば次のようなものがあります。

・自分こと（自分の基本情報、プロフィール・自分史など）
・友人・知人のこと（連絡先など）
・医療・介護のこと（健康管理、既往歴、告知・延命処置、介護など）
・葬儀・お墓のこと（葬式の形式、宗派、埋葬方法など）
・家族・親族のこと（家族一覧、親族一覧、家系図など）
・気になること（日常生活、ペット、電話、パソコンなど）
・相続に対する考え方や資産について

このようなノートを作成しておくことで忘備録にもなり、もし何かあった場合には家族を助けてくれるマニュアルにもなるのです。家族が困らないように、預貯金や保険のリストを作っておくのもいいかもしれません。普段、家族には口に出して言えないような内容であってもノートであれば照れもなく、自分の思いを伝えられるものです。また、一般社団法人コミュニティネットワーク協会では、実際にノートを書くためのセミナーも開催しています。どのように書いたらいいのか具体例を知りたい、一人では書きにくいという場合、問い合わせてみてはどうでしょうか。

ただし、注意が必要なのは、エンディングノートは、遺言と異なり法的効力を有する文書ではありません。もし、自分の死後の争いを未然に防止したり、財産の相続などについて記そうと考えているならば、遺言書を作成したほうが確実です。

Q060 「家族葬」「直葬」とはどういうお葬式で、費用はどのくらいかかるのですか? 私は一人身で入るお墓がないのですが、どうすればいいですか?

A 「家族葬」は家族や近親者を中心に行なう葬儀をいいます。「直葬」は通夜・告別式は行なわず直接、火葬場へ赴き火葬を行なう方法です。単身でも入れるお墓もあります。

葬儀方法については、その地域の慣習や参列者の数で規模も内容も変わってきますが、一般家庭における葬儀費用は、通常葬儀の場合で200万円前後(財・日本消費者協会2011年度アンケート結果)が平均相場といわれています。その内訳は、葬儀費用(祭壇費、御棺費、ドライアイス、人件費など)や実費費用(斎場使用料、火葬料、飲食費、返礼品など)、宗教関係費用(お布施、心付けなど)となっていて、その多くは葬儀業者により設定されています。

そして、これらの費用も「祭壇のランク」や「料理や返礼品のランク」、「お布施」などの違いによりその金額も業者により様々です。高額な上に、その内訳も曖昧な葬儀費用ですが、通常行なわれている一般参列者を募る葬儀方法から、家族を中心とした近親者のみの参列を重視した「家族葬」「直葬」と呼ばれる形式の葬儀が、規模も費用もコンパクトであるため、多く執り行なわれるようになっています。

●家族葬

家族葬とは、参列する人が家族や親族を中心として執り行なわれる葬儀のひとつです。親しい人たちだけで気兼ねなく故人とのお別れをすることができます。

家族葬といっても、必ずしも家族だけではなく、故人と親しかった少人数の親族や友人も含めて行なわれます。葬儀の規模としては、多くても参列者が50名以内の小規模なものが多いようです。会仏式としての宗教的儀式として行なう場合もありますし、無宗教として行なう場合もあります。会葬者が少ないと、必然的に葬儀の費用は安くなりますが、必ずしも家族葬が、低価格で簡素な葬儀というわけではありません。葬儀の内容や費用は様々です。近年は、この家族葬が増えており、故人が高齢のため、知人友人が少ない場合や、葬儀予算をあまりかけたくない場合などは、適した方法といえます。

家族葬の利点をまとめると、

・故人と最期のときをゆっくり過ごすことができる。
・家族や親族、親しい友人のみの葬儀のため、参列者への対応に神経を使う必要がない。
・少人数のお葬式になるため、料理や返礼品などのおもてなし費用が軽減できる。
・あらかじめ明確な予算を出しやすいので、追加料金が発生しにくい。
・大きな斎場を利用しないので経済的である。

などがあげられます。

ただし、家族葬でもあっても利点ばかりではありません。親族の中には、昔からの慣習を大切に考えている人もいます。そのような人は、家族だけで密葬のように行なう葬儀に反対する場合もあります。なぜ家族葬にするのかということをきちんと説明し、理解を得ることが必要です。また、葬儀が終わった後に故人の死を知人や地域の人に通知するので、死について知らせなかったことについて非難を受けることもあります。また、いくら家族葬であっても、弔問客の対応は少なからずとも必要になってきます。それでも、葬儀の規模は小規模なために葬儀費用は、一般的な通常葬儀の半分~3分の1が平均的な相場となっています。

● 直葬

直葬とは、火葬式とも呼ばれ、通夜・告別式などの儀式はせず、ごく限られた人たちと火葬場に行き、最低限の火葬のみを行なう、もっともシンプルな葬儀形式です。祭壇を飾らず、会葬者も招かないので、儀式で生じる費用や、会葬者への接待の費用が軽減できて、もっとも経済的な葬儀と言えます。

近年、直葬を行なうケースが増加していますが、その背景として、葬儀を行なうことへの疑問、親族がほとんどいない、近所づきあいの希薄化、宗教観や宗教意識の希薄化、遺族の金銭的負担に関する意識変化などがあるとされています。

直葬の葬儀費用は、遺体搬送や火葬費用だけであれば20万円程度で行なうこともできるようです。火葬のときに僧侶に読経を依頼することもでき、その場合費用は上乗せになります。たしかに直葬はシンプルですが、通夜や告別式をしないので、故人との別れの時間があまり確保できないという欠点もあります。また、親戚から「葬儀なしでは区切りにならない」「義理を欠いた」などという不満が出てトラブルになることもあります。直葬にする場合には、親族の理解を得て、調整を図った上での実施とすることが大切です。

お葬式は、その人の人生の締めくくりとして大切な場面です。豪華・立派にすればよいものでもなく、反対に簡素・安易にすませればよいというものでもありません。後になって後悔をしないためにも、葬儀の知識や情報を得ること、親族間で理解を得ることが大切です。どんな方法であっても、故人から「ありがとう」の声が聞こえてくるような、そして残された家族や親族が故人の死を受け入れられるためのお葬式とすることが大切です。

お墓

自分が死んだときに考えなければならない問題としてお墓があります。特に、先祖代々受け継いでいるようなお墓もなく、一人で暮らしているような人は、どのようなお墓に入るのかも考えておく必要があります。もし、友人や近親者の理解が得られ、お墓を作らないことに反対しないのであれば、合葬墓を選んだり自然葬（散骨）も可能です。お墓に入ることが希望であれば、事前に購入しておくこともできます。いずれの選択をしても、大切なことは生前から準備をしっかりとしておくことです。墓地に埋葬する場合は、遺骨の処理方法などについては、手続きも含めて、お寺と入念な打ち合わせをしておくことが大切です。

近年、お墓を代々受け継いでいくことが難しくなってきていることから、新しいお墓のスタイルとして、他の人と一緒の墓に安置される合同墓、合葬墓などとも呼ばれる永代供養墓が注目されています。遺族がお墓参りをできない場合や、お墓参りをしてくれる人がいなかったとしても、お寺が永代に渡り供養と管理をしてくれます。その費用は、30万円から１００万円ぐらいが相場と言われています。この料金を最初に支払うことによって、その後の管理費やお布施などの支払は生じません。そして、多くの永代供養墓では、永代といっても供養の期間を定めています。「13回忌まで」「33回忌まで」「使用者の希望年数」など様々です。供養方法も、一般的なものは春秋のお彼岸とお盆に合同法要が行なわれますが、祥月命日の供養や年回忌の法要を行なっているところもあります。

永代供養墓は、寺との関係に基づいて、公営の施設のように供養を前提としない合葬墓もあり、この2つを分けて考える説もあります。

一般社団法人 コミュニティネットワーク協会が関西（神戸市北区）と関東（八王子市）で一カ所ずつ運営・管理する合葬墓は、国籍、宗旨・宗派不問で、希望により墓碑に氏名や生年月日、没年月日を掘ることも可能です。年1回社団が合同供養をしており、お墓の継承者がいない人や死後の供養が心配な人にも安心して利用されているようです。また、希望によりご先祖様のいる人も引き受けています。共同使用のため1人当たり諸経費が35万円程度と軽くなり、維持費も不要となります。

八王子・上川霊園の合葬墓の竣工式に集うみなさん

永代供養墓の呼び名が様々なように、形

も様々です。納骨堂として建物の中で管理する場合もあれば、地下で合祀のようにして管理している場合もあります。墓地のモニュメントとして建てられている場合もあります。

最近はお墓を持つことにあまり興味のない人も多くなり、毎年のお墓参りを欠かさず行なうことが困難な人も増えていることもあります。お墓を持ってしまえば承継の問題が生じるので、なるべく誰にも負担をかけることなく自分をお墓に入れてほしいと考えている人も多いようです。家族があってもあえて希望して永代供養墓に入ることを望む人が増えてきています。

＊参考文献

・『老楽暮らし入門』沢部ひとみ、明石書店、２０１０年
・『Q＆Aサービス付き高齢者向け住宅のすべて』吉田修平法律事務所、一般社団法人金融財政事情研究会、２０１１年
・『これで解決！「ひとりの老後」』松原惇子、海竜社、２００９年
・『上野千鶴子が聞く小笠原先生、ひとりで家で死ねますか？』上野千鶴子・小笠原文雄、朝日新聞出版、２０１３年
・『知らないと損をする国からもらえるお金の本』井戸美枝、角川ＳＳＣ新書、２０１４年
・『認知症の９大法則　50症状と対応策』杉山孝博、法研、２０１３年

＊ウェブサイト

・高齢者住宅情報センター　〈http://kurashi-sumai.jp/〉
・一般社団法人コミュニティネットワーク協会　〈http://www.conet.or.jp/〉
・（株）コミュニティネット（「ゆいま～る」シリーズ）〈http://c-net.jp/〉
・厚生労働省ホームページ　〈http://www.mhlw.go.jp/〉
・国税庁ホームページ　〈https://www.nta.go.jp/〉
・政府広報オンライン　〈http://www.gov-online.go.jp/〉
・東京都福祉保健局ホームページ　〈http://www.fukushihoken.metro.tokyo.jp/〉
・あんしんなっとく高齢者向け住宅の選び方（東京都福祉保健局）
〈http://www.fukushihoken.metro.tokyo.jp/kourei/koho/sumai_sasshi.html〉

・家賃債務保証制度のご案内（一般財団法人高齢者住宅財団）
〈http://www.koujuuzai.or.jp/pdf/page02_03_06.pdf〉

・サービス付き高齢者向け住宅（厚生労働省・国土交通省）〈http://www.satsuki-jutaku.jp/doc/panfu.pdf〉

・オアシスナビホームページ　〈http://www.oasisnavi.com/roujin_home/?ad=go〉

・HOME'S介護ホームページ　〈http://kaigo.homes.co.jp/〉

・探しっくすホームページ　〈http://www.sagasix.jp/lp/?gclid=CL2al4qfpMMCFUIHvAod5r8AFg〉

・全国マイケアプラン・ネットワーク ホームページ　〈http://www.mycareplan-net.com/〉

・人生の最終段階における医療に関する意識調査報告書（厚生労働省）
〈http://www.mhlw.go.jp/bunya/iryou/zaitaku/dl/h260425-02.pdf〉

・サービス付き高齢者向け住宅等の実態に関する調査研究（高齢者住宅財団）
〈http://www.koujuuzai.or.jp/pdf/project_20130415_03.pdf〉

・日本尊厳死協会ホームページ　〈http://www.songenshi-kyokai.com/〉

・私のリビングウィル（聖路加国際病院）〈http://hospital.luke.ac.jp/about/images/livingwill.pdf〉

＊近山恵子（ちかやま・けいこ）
1949年、新潟県生まれ。一般社団法人コミュニティネットワーク協会理事長。

親の介護をきっかけに「老後・介護・女性」問題に関心を持ち、一人でも自立して暮らせるケアの仕組みづくりに携わるようになる。1988年、大阪で民間企業として、日本で初めてのデイサービスセンター開設を手がける。

以降、高齢者住宅を中心とした福祉のまちづくりの企画、運営、営業等のコンサルティングを行なう。とりわけ、福祉のまちづくりの要である「地域プロデューサー」の養成やケアスタッフの育成、コミュニティの形成にも力を注ぐ。これまで「友だち村」をはじめ、「ゆいま～るシリーズ」等、多くの高齢者住宅をプロデュースしてきた。

現在は一般社団法人コミュニティネットワーク協会の理事長として、「子どもから高齢者まで、さまざまな価値観を持つ人たちが、世代や立場を超え、お互いの生活を尊重しながら、ともに支え合う仕組みのある『まち』づくり」に向け、多角的に取り組んでいる。

主著＝『こんにちは「ともだち家族」』（風土社）など。

＊米沢なな子（よねざわ・ななこ）
一般社団法人コミュニティネットワーク協会常務理事。高齢者住宅情報センター大阪センター長。大学卒業後、タウン誌の編集を経て1997年より高齢者住宅事業に関わる。2003年より高齢者住宅を調査、紹介する高齢者住宅情報センターを大阪で立ち上げ、現在センター長を務める。高齢者住宅のセミナー講師や原稿執筆などに携わる。

＊一般社団法人《いっぱんしゃだんほうじん》コミュニティネットワーク協会《きょうかい》
元気のでる福祉のまちづくり・100年コミュニティの創造をめざし、自分らしく人生を完成させる住まいとして「ゆいま～る」シリーズを提案。元気なときから入居し、介護が必要になっても最期まで住める安心の仕組みと参加型コミュニティづくりの拠点として現在全国8か所開設されている。同協会にある高齢者住宅情報センターは、1999年に東京、2003年に大阪に開設し、一般社団法人の賛助会員となっている約50社300施設・住宅を中心に情報提供や相談、紹介を行なっている。
〈http://www.conet.or.jp/〉
電話：03-6256-0570 ／ Fax：03-6256-0572
高齢者住宅情報センター＝ 0120-352-350
高齢者住宅情報センター・大阪＝電話：06-6375-8830 ／ Fax：06-6375-8831

※取材・編集協力／山川寿美恵、（株）イマココ（古川智子・町田直典）
企画立案／斉藤弘子

※本書に掲載している情報は、出版時点でのものです。その後変更する可能性があるので、必要に応じ確認してください。

自分《じぶん》で選《えら》ぶ老後《ろうご》の住《す》まい方《かた》・暮《く》らし方《かた》

2015年3月3日　初版第一刷

監　修　近山惠子・米沢なな子／
一般社団法人コミュニティネットワーク協会 ©2015

発行者　竹内淳夫

発行所　株式会社 彩流社
〒102-0071 東京都千代田区富士見2-2-2
電話　03-3234-5931
FAX　03-3234-5932
http://www.sairyusha.co.jp/

編　集　出口綾子
装　丁　臼井弘志
印　刷　株式会社平河工業社
製　本　株式会社難波製本

Printed in Japan　ISBN978-4-7791-2071-8 C0036
定価はカバーに表示してあります。乱丁・落丁本はお取り替えいたします。

賢く値切ろう　親の葬式代

4-7791-2072-5（15年3月）

介護もお墓も、自分流が一番！　小粒すずめ 著

きれいごとは言っていられません。介護し看取るあなたが疲弊したら始まらないのです。20年間親の介護をし、見取り後ウツになり、回復した著者が、日常の介護から葬儀屋・マイ葬儀・マイお墓の選び方まで体験エッセイでアドバイス！。　四六判並製（予）1400＋税

日本のお葬式はどう変わったか

4-7791-1836-4（13年3月）

お葬式の今までとこれから　彩流社編集部 編、中田ひとみ 執筆

近年変化のめまぐるしいお葬式業界の事情はどうなっているのか。親の葬儀はどうすべきか、自分はどうしたらよいのかetc…。お葬式の歴史と現状をわかりやすく紹介し、お葬式を「考え、見直す」ためのヒントを提供する、新視点からの葬儀本。　四六判並製 1500円＋税

なっとく！のヘアカラー＆ヘナ＆美容室選び

4-7791-1857-9（13年2月）　森田要、山中登志子著

あなたの髪はどんな成分でどのように染まっているのか。脱毛、かぶれ、思った色に染まらないなどのトラブルは何が原因か。ヘナならすべて安心なのか。美髪再生に必要なヘアケアの基礎から美容室で行われていることの実態まで教えます。　A5判並製 1500＋税

野菜から始めるやさしいフレンチ離乳食

4-7791-1614-8（11年05月）　中澤敬二著

３歳までに食の意識が決まる。本格フレンチシェフが実際にわが子に作っている離乳食を大公開！　贅沢のためではなく食の本質を伝えたい。一般家庭の食材を使い、驚くほど簡単な愛情47レシピをご紹介。ちょっとしたコツで介護の料理に変身！　A5判並製 1800＋税

再発・転移性乳がんを生きるための100の質問

4-7791-1586-8（11年1月）　リリー・ショックニー著、青木美保 編訳

死の宣告と思われがちな乳がんの再発。知識と情報を得ることこそが生きる力になる。ともに乳がんサバイバーである著者と編訳者が、勇気と希望・可能性、克服への道標を示す。医者に治療方針を決めさせるおまかせ医療とは決別せよ。　A5判並製 2000＋税

ともに生きるためのエイズ

4-7791-1665-0（12年8月）

当事者と社会が克服していくために　玉城英彦 著

この困難な病気と、どう向き合えばいいのか。当事者と家族・友人や同僚が知っておくべきエイズの具体的で実用的な情報から、当事者の率直な手記、実情を受け止めたうえで深く理解し支え合うために読んでおきたい分析・実態・社会論まで。　A5判並製 2000＋税

戦後はまだ…

978-4-7791-1907-1 (13.08)

刻まれた加害と被害の記憶　山本宗補 写真・文

戦争の実態は共有されてきたか？　70人の戦争体験者の証言と写真がとらえた記憶のひだ。加害と被害は複雑に絡み合っている。その重層構造と苦渋に満ちた体験を、私たちは理解してきたか？――林博史氏解説。各紙誌で紹介！好評増刷出来。　A4判上製 4700円＋税